Como alguém que cresceu na igreja, algo que notei ao longo dos anos é que muitas vezes aprendemos acerca de certas propriedades da Bíblia, sem aprendermos sobre como realmente lê-la. Mike Bird é um presente para a igreja por ser um estudioso bíblico experiente que pode transformar assuntos complexos em algo compreensível, até mesmo agradável. Se você quer crescer na habilidade de ler as Escrituras e se divertir muito fazendo isso, leia este livro!

Aimee Byrd, autora de *Recovering from biblical manhood and womanhood* e *Why can't we be friends?*

Em uma época quando o cristão comum não sabe mais quem é Josefo, ou razão pela qual ler a Bíblia "literalmente" pode acabar em erros, ou como ela foi formada, a luta para ajudar os cristãos a entender o básico sobre a Bíblia é real. "Finalmente, um livro que posso simplesmente entregar a outros cristãos e dizer: 'Leia isto!'". Bird aborda, com humor, as lacunas e mal-entendidos mais comuns entre os cristãos, de uma maneira que qualquer um possa entender: a natureza dos textos, a boa interpretação, o papel da história e como as Escrituras funcionam dentro da comunidade cristã. Este é um ótimo livro de estudo para grupos pequenos ou para as famílias, nos lares. Ouça Bird agora e agradeça depois.

Dru Johnson, professor associado de Estudos Bíblicos na The King's College, diretor do Center for Hebraic Thought

Antes de dizer o que a Bíblia afirma sobre "isso" ou "aquilo", é importante entender o que a Bíblia *é*. Bird oferece clareza e discernimento para lidarmos com questões importantes, como inspiração, canonicidade e como ler a Bíblia com sabedoria — tudo em sete breves capítulos. Eu gostaria de ter lido esse livro quando estava aprendendo a estudar a Bíblia.

> **Nijay K. Gupta**, professor de Novo Testamento, Northern Seminary

Meu amigo! Pode parecer clichê, mas é absolutamente verdade: esse é um livro que todo cristão, ou qualquer um que deseja estudar o cristianismo, deveria (prefiro dizer que deve) ler. A razão é que conhecemos o verdadeiro Jesus por meio daquilo que lemos na Bíblia. No entanto, existem tantos mal-entendidos sobre o que a Bíblia é ou não é, que o leitor desinformado pode ser levado a uma má compreensão de Jesus e do que significa segui-lo. Não digo isso levianamente, mas ler o que Mike escreveu nos ajuda a renascer no sentido de como vemos e entendemos a Bíblia. Exorto qualquer pessoa — de não cristãos a cristãos maduros — a ler este livro, pois você nunca mais verá ou pensará na Bíblia da mesma maneira.

> **Dan Kimball**, autor de *How (not) to read the Bible*, e membro da equipe de pastores e funcionários da igreja Vintage Faith Church

TODA A ESCRITURA É...

MICHAEL F. BIRD

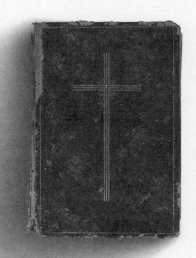

TODA A ESCRITURA É...

SETE PERSPECTIVAS QUE TODO CRISTÃO
DEVERIA TER SOBRE A BÍBLIA

TRADUÇÃO: BRUNO ECHEBESTE SAADI

Título original: *Seven things I wish Christians knew about the Bible*
Copyright ©2021, de Michael F. Bird
Edição original por Zondervan. Todos os direitos reservados.
Copyright de tradução ©2022, de Vida Melhor Editora LTDA.
Todos os direitos desta publicação são reservados por Vida Melhor Editora LTDA.

As citações bíblicas são extraídas da Nova Versão Internacional. Outras versões bíblicas utilizadas são indicadas entre parênteses: King James Version (KJV).

Os pontos de vista desta obra são de responsabilidade de seus autores e colaboradores diretos, não refletindo necessariamente a posição da Thomas Nelson Brasil, da HarperCollins Christian Publishing ou de sua equipe editorial.

Publisher	*Samuel Coto*
Editor	*André Lodos Tangerino*
Produção editorial	*Fabiano Silveira Medeiros*
Preparação	*Breno Nunes de Oliveira Seabra*
Revisão	*Marcia Barrios Medeiros*
Projeto gráfico e diagramação	*Tiago Elias*
Capa	*Rafael Brum*

Dados Internacionais de Catalogação na Publicação (CIP)
(BENITEZ Catalogação Ass. Editorial, MS, Brasil)

B517j   Bird, Michael F.
1.ed.   Toda a Escritura é... : sete perspectivas que todo cristão deveria ter sobre a Bíblia / Michael F. Bird ; tradução Bruno Echebeste Saadi. – 1.ed. – Rio de Janeiro : Thomas Nelson Brasil, 2022.
         208 p.; 13,5 x 20,8 cm.

         Título original : 7 things I wish Christians knew about the Bible.
         ISBN : 978-65-56893-34-1

         1. Bíblia - Estudo e ensino. 2. Bíblia - Crítica e interpretação. 3. Teologia cristã. I. Saadi, Bruno Echebeste. I. Título
04-2022/116   CDD 220.07

Índice para catálogo sistemático:
1. Bíblia : Estudo e ensino 220.07
Aline Graziele Benitez - Bibliotecária - CRB-1/3129

Thomas Nelson Brasil é uma marca licenciada à Vida Melhor Editora LTDA.
Todos os direitos reservados à Vida Melhor Editora LTDA.
Rua da Quitanda, 86, sala 218 — Centro
Rio de Janeiro — RJ — CEP 20091-005
Tel.: (21) 3175-1030
www.thomasnelson.com.br

*Para Naomi,
cujo esposo nunca lhe preparou um café,
mas com quem ela continua mesmo assim*

SUMÁRIO

Prefácio | 11
Agradecimentos | 15

Introdução | 17

1
A BÍBLIA NÃO CAIU DO CÉU
23

2
A BÍBLIA É DIVINAMENTE INSPIRADA E HUMANAMENTE COMPOSTA
51

3
A ESCRITURA É NORMATIVA, NÃO NEGOCIÁVEL
77

4
A BÍBLIA É *PARA* O NOSSO TEMPO, MAS NÃO *SOBRE* O NOSSO TEMPO
99

5
DEVEMOS INTERPRETAR A BÍBLIA DE FORMA SÉRIA, MAS NEM SEMPRE DE FORMA LITERAL
119

6
O PROPÓSITO DAS ESCRITURAS É CONHECIMENTO, FÉ, AMOR E ESPERANÇA
143

7
CRISTO É O CENTRO DA BÍBLIA CRISTÃ
161

Apêndice 1: Os cinco principais textos do Antigo Testamento no Novo | 177

Apêndice 2: As traduções evangélicas mais importantes em língua portuguesa | 187

Índice de passagens bíblicas | 195

Índice remissivo | 201

PREFÁCIO

Toda a Escritura é... é sobre a Bíblia para quem crê na Bíblia. É o resultado de vinte anos lutando com as Escrituras, explicando de onde ela veio, como interpretá-la, como lidar com suas partes difíceis, como amá-la e como obedecê-la. Neste livro, quero compartilhar com você o que aprendi sobre a Bíblia (coisas incríveis!) e o que aprendi sobre as pessoas que leem a Bíblia (às vezes coisas estranhas e assustadoras!). A Bíblia diz muitas coisas e as pessoas dizem muitas coisas sobre a Bíblia. Mas as "coisas" que as pessoas às vezes dizem sobre a Bíblia nem sempre são verdadeiras ou mesmo úteis. Como tal, o que desejo realizar neste livro é explicar como pensar sobre a Bíblia e como tirar o máximo proveito de sua Bíblia. Estou fazendo isso porque a Bíblia é um livro importante; na verdade, na minha opinião, é o livro mais importante do mundo. A Bíblia Sagrada é nada menos do que a mensagem de Deus para nós. Assim, precisamos ter uma compreensão sólida do que ela realmente é, de onde ela veio e o que devemos fazer com ela. No final, espero mudar sua maneira de pensar sobre a Bíblia, transformar sua maneira de lidar com ela e inspirá-lo a desfrutar dela como nunca antes.

Escrevi *Toda a Escritura é...* porque se você é cristão, então essas são coisas que realmente precisa saber! Eu iria tão longe a ponto de dizer que se todos soubessem dessas sete coisas, se os pastores pregassem sobre elas, se as aulas da escola dominical para adultos e pequenos grupos as ensinassem, então não teríamos tantos problemas com a Bíblia em nossas igrejas como temos hoje. É claro que você poderia ir ao seminário para aprender sobre a Bíblia com mais profundidade, mas a realidade é que nem todo mundo tem esse chamado — ou mesmo tempo disponível — para dedicar anos de sua vida ao estudo bíblico. Mas, como alguém que esteve na torre de marfim da erudição bíblica, assimilei uma ou duas coisas que valem a pena compartilhar com os cristãos que valorizam a Bíblia e querem conhecê-la melhor. Se o universo acadêmico dos estudos bíblicos é semelhante à uma terra estrangeira, então quero ser seu guia turístico e intérprete. Quero mostrar a você como os *insights* dos estudos bíblicos podem responder a algumas de suas perguntas sobre a Bíblia e como sua experiência e compreensão podem ser aprimoradas. Espero que esta jornada para a Bíblia prepare e encoraje cada cristão a falar sobre as Escrituras com confiança e credibilidade, lidar com ela com responsabilidade, batalhar com ela com seriedade e obedecê-la fielmente.

Para aqueles que querem saber algo sobre mim, sou um estudioso em todas as coisas da Bíblia, bem como um pastor anglicano e devoto seguidor de Jesus. Tenho um pé na academia e outro na igreja. Não vou mentir para você, às vezes esse andar em dois mundos pode parecer um pouco como andar de patins de rodas no gelo. Sim, eu sei! Você não entra no gelo com esses patins; é esse mesmo o ponto. Às vezes, cruzar a fé e o conhecimento parece estranho, inusitado e difícil de equilibrar. Mas, como cristão, levo a Bíblia a sério e entro em debates sérios sobre ela, do básico ao esotérico.

Como estudioso, especializei-me no estudo das origens, significado, interpretação e aplicação das Sagradas Escrituras. Digo aos meus alunos que sou basicamente um "nerd profissional da Bíblia". Meu dia a dia é consumido em tentar entender a Bíblia e torná-la compreensível para os outros. Sou obcecado pela Bíblia da mesma forma que algumas pessoas ficam obcecadas com futebol, antiguidades, contas de celebridades no Twitter ou filmes de *Star Wars*. Lido com a Bíblia como um trabalho, uma disciplina espiritual e uma paixão totalmente abrangente. Amo a Bíblia como os canadenses adoram *maple syrup* [xarope de bordo] e os neozelandeses adoram um bom assado de cordeiro. Tenho uma paixão pela Bíblia e espero que essa paixão se torne contagiosa por meio deste livro.

Como pastor, estou preocupado com a alfabetização bíblica nas igrejas, em ver os cristãos crescendo na fé, aprendendo como a Bíblia molda sua vida cotidiana e como a Bíblia leva ao crescimento espiritual na fé. Em meu papel na igreja, também estou preocupado com ataques à verdade da Bíblia, preocupado com distorções e frequentemente entristecido pelas divisões tribais e desunião que resultam de diferentes entendimentos da Bíblia. Minha oração é que toda a igreja seja unificada em sua devoção às Escrituras e que possamos — como nós anglicanos dizemos — juntos "lermos, anotarmos, aprendermos e digerirmos interiormente" suas páginas. Se este livro ajudar as pessoas, por mais diversas e diferentes que sejam, a se reunirem para estudar a Palavra de Deus, para aprender tanto com ela quanto uns com os outros, então considerarei que valeu a pena todo o empenho de escrevê-lo.

AGRADECIMENTOS

Ao escrever este livro, tenho uma dívida para com os quatro seminários nos quais lecionei: Highland Theological College (Dingwall, Escócia), Brisbane School of Theology (Brisbane, Austrália), Houston Baptist University (Houston, EUA) e, especialmente, Ridley College (Melbourne, Austrália). Meus colegas e alunos ao longo dos anos me ajudaram a refinar o pensamento sobre como ensinar a Bíblia de uma forma que seja renovadora, piedosa e eficaz. Tenho uma dívida de gratidão com todos eles. Além disso, devo meus agradecimentos à equipe da Zondervan por sua paciência e sabedoria em guiar e transformar este livro de uma ideia maluca a um projeto publicável. Katya Covrett e Jesse Hillman são o vento sob minhas asas: geralmente motivadores que me fazem voar mais alto nos céus, embora às vezes como um tornado que me lança contra a terra em um mergulho de realidade fria. Mas, para ser justo, são principalmente motivadores. Um agradecimento também a Chris Beetham, por seu olho afiado na edição. Agradeço também a Lynn e Jim Cohick, que me receberam em Denver, Colorado, por uma semana, o que acabou sendo uma espécie de retiro para escrita e me permitiu terminar este livro. Meu colega Andy Judd, que deu uma boa leitura no livro; ele detectou vários erros e fez muitas sugestões úteis que incorporei.

Dedico este livro à minha esposa, Naomi. Estamos agora em nosso vigésimo ano de casamento, e estou ansioso pelos muitos outros anos de diversão e felicidade com a única mulher no mundo que me tolera e torna minha vida ainda melhor. Isto é para você, querida!

INTRODUÇÃO

A Bíblia é um livro grande, mas é uma leitura muito boa! É uma mistura de história, literatura e teologia. Contém uma gama diversificada de gêneros, incluindo histórias antigas da criação características do Oriente Próximo, códigos de lei da Idade do Bronze, narrativas históricas, poesia hebraica, literatura de sabedoria, profecia, biografia greco-romana, historiografia grega antiga, cartas e um apocalipse. A Bíblia não é apenas um livro; é uma biblioteca de livros, muitos livros, que narram as origens do povo hebreu, a pessoa e obra de Jesus Cristo e a expansão da igreja cristã. No entanto, seu personagem central é Deus — o Deus que cria, que legisla, que resgata rebeldes, que encarna e que renova todas as coisas.[1]

Além disso, não há livro que tenha influenciado tanto a política, a história, a arte, a literatura, a música e a cultura da civilização ocidental quanto a Bíblia. Eu argumentaria que, a menos que você tenha uma boa compreensão da Bíblia, você não poderá entender Shakespeare, a arte de Michelangelo, a história americana, a música de Bach e de Beethoven, o musical *Hamilton* ou mesmo seriados de TV como *Os Simpsons*. A Bíblia ecoa em vários lugares de nossa cultura, incluindo literatura, música, entretenimento e política. Ela pode ser sentida em todos os lugares, mesmo que seja raramente respeitada.

No entanto, a Bíblia é um livro controverso. Recentemente, na Austrália, um grupo que se autodenomina Imparcialidade Religiosa nas Escolas fez uma petição ao governo estadual para proibir todas as aulas sobre a Bíblia e educação religiosa nas escolas, mesmo que as aulas sejam

---

[1] D. A. Carson, *The God who is there: finding your place in God's story* (Grand Rapids: Baker, 2010) [edição em português: *O Deus presente: encontrando seu lugar no plano de Deus* (São Paulo: Fiel, 2003)].

voluntárias, pois o grupo considera a Escritura um livro deplorável. A Bíblia é considerada contrabando pelos governos comunistas e islâmicos em todo o mundo. Evidentemente, há muitas pessoas que não querem que a mensagem da Bíblia seja conhecida e compartilhada. Em alguns lugares, a Bíblia é considerada literatura subversiva e uma poderosa ameaça ao *status quo*. Na minha opinião, esta é mais uma razão pela qual devemos lê-la!

É claro que uma coisa é ler a Bíblia, outra bem diferente é entendê-la, e outra ainda mais diferente é usá-la com responsabilidade! Para ser honesto, a Bíblia é um livro muito difícil de ser entendido em alguns contextos. Não porque seja um livro de mistério, magia ou caos; em vez disso, porque contém uma história distante da nossa, foi originariamente escrito para um povo antigo em contextos específicos, e foi escrito para nós, mas não originariamente endereçada a nós. Se quisermos compreender a Bíblia, o que ela significou para seu público original e o que significa para nós hoje, devemos atravessar alguns abismos históricos e aprender a interpretar culturas antigas tanto quanto nossas próprias culturas. Compreender a Bíblia é recompensador, mas envolve trabalho — e trabalho árduo.

Neste livro, pretendo fazer parte desse trabalho árduo para você e prepará-lo para entender a Bíblia como a palavra de Deus para você e sua igreja. Ao longo do caminho, evitaremos estereótipos, respostas triviais a perguntas difíceis e relatos superficiais sobre problemas interpretativos. Em vez disso, quero ajudá-lo a botar a mão na massa no mundo bíblico, mergulhar sua mente no mundo estranho e desconhecido da história bíblica e apresentá-lo às grandes questões que a Bíblia apresenta para aqueles de nós que se esforçam por entendê-la.

A primeira coisa que quero explorar é a origem da Bíblia. Talvez sua Bíblia preferida seja um aplicativo em seu telefone, um site, um software bíblico ou um bom livro antigo encadernado em couro com todo tipo de ajuda para o leitor. Independentemente de como você a aborda, a Bíblia que você lê veio de um longo processo de composição, cópia, canonização e tradução, ao longo de cerca de três milênios! A Bíblia tem sua própria biografia — sua própria história, podemos dizer — sobre como ela cresceu e veio a existir. Aqui darei uma breve introdução sobre como a Bíblia passou de antigos pergaminhos religiosos para o livro impresso que você pode segurar nas mãos. Alerta de spoiler: a Bíblia não foi inventada pelo imperador Constantino no século 4.

A segunda coisa com a qual precisaremos lidar são as duas famosas palavras, a saber, "inspiração" e "inerrância". Apertem os cintos para essa jornada — é uma estrada acidentada! No jargão teológico, "inspiração" é o termo que usamos para explicar como a Bíblia é tanto um livro dado por Deus quanto um livro escrito por humanos; como a Bíblia é a palavra de Deus em linguagem humana. Como Deus transmite, infunde ou *inspira* suas palavras em autores humanos. Ao explorar a inspiração bíblica, estamos procurando um relato das origens divinas da Bíblia e do processo humano de composição. Portanto, a inspiração bíblica está em nossa lista de tarefas. Depois, há "inerrância" ou "infalibilidade", um campo de discussão muito debatido. Se acreditamos que a Bíblia é verdadeira, como exatamente ela é verdadeira e até que ponto ela é verdadeira? A Bíblia pode ter algum erro de história, cosmologia ou geologia? A Bíblia é livre de erros apenas em questões de religião e ética? Algumas pessoas simplesmente vão revirar os olhos diante da inerrância como um absurdo fundamentalista, e outras dirão que a inerrância é o centro de seu universo teológico. Mas eu lhe digo que precisamos afirmar a veracidade da Bíblia e explicar a natureza e os limites de sua veracidade.

Em terceiro lugar, seria negligente da minha parte se não abordássemos o tema da autoridade bíblica. Pressupondo que a Bíblia é a palavra inspirada de Deus e é verdadeira — assuntos dignos de sua própria explicação —, como a palavra de Deus funciona exatamente em nossa vida comum? Somos livres para escolher os pedaços que gostamos como se fosse algum tipo de bufê? Devemos seguir servilmente todos os preceitos que ela contém? Ou aderir à Bíblia requer uma mistura de afirmação (obedecer às suas instruções) e apropriação (descobrir como implementar sua sabedoria em um mundo distante de seus autores e públicos originais)? Nem todo mundo acredita que a Bíblia seja uma autoridade, mas para aqueles de nós que assim acreditam, ainda temos de descobrir como essa autoridade funciona na prática. E permita-me dizer de forma clara: não é simples! Mudar de Canaã para Chicago não é fácil.

Em quarto lugar, é importante que os cristãos compreendam a "antiguidade" da Bíblia. Sim, a palavra de Deus é, de muitas maneiras, atemporal: fala às pessoas através dos tempos; transcende culturas, línguas e nacionalidades. Isso porque Deus se dirige a todas as pessoas com a mensagem de amor em Jesus Cristo. Mas, ao mesmo tempo, devemos lembrar que antes que a Bíblia fosse a palavra de Deus para nós, era a palavra de Deus para os outros: era a palavra de Deus para os hebreus em Canaã, para os exilados judeus na Babilônia, para os cristãos nas favelas de Roma, e para as igrejas perseguidas da Ásia Menor. Somos tentados a pensar que a Bíblia é sobre nós, sobre nosso tempo, e encontra seu cumprimento em nossas circunstâncias. No entanto, embora a Bíblia seja sempre relevante para nós, se quisermos realmente entendê-la, devemos respeitar o cenário histórico original em que os livros da Bíblia foram escritos. Conhecer um pouco do contexto histórico, seja do livro de Jeremias ou da carta de Paulo aos Filipenses, nos dará algumas das melhores pistas de como interpretá-la no presente. Então, devemos aprender a importância do contexto histórico.

Em quinto lugar, desejo fornecer aos leitores uma introdução básica à interpretação da Bíblia. Se você me perguntar, a grande questão não é se alguém interpreta a Bíblia "literalmente" ou "simbolicamente", mas se alguém escolhe levar a Bíblia a sério. Se realmente levamos a Bíblia a sério, se desejamos ser alguém "que maneja bem a palavra da verdade" (2Timóteo 2:15), então precisamos aprender a lê-la e a ensiná-la com responsabilidade. Todos os cristãos precisam de uma introdução rudimentar aos fundamentos da hermenêutica — hermenêutica aqui entendida como a ciência da interpretação. Tenha seu pensamento delineado sobre como ler a Bíblia sem se tornar um maluco com seu próprio culto, gráficos e carrinho de golfe.

Em sexto lugar, devemos conhecer os principais propósitos das Escrituras que, como explicarei, são conhecer a Deus, aprofundar nossa fé, crescer em amor a Deus e ao próximo e descansar na esperança de que, em Jesus Cristo, Deus é por nós. A Bíblia nos prepara para conhecermos melhor a Deus, fomenta a fé em Deus e em seu Filho, aumenta nossa capacidade de amar e nos conforta com a esperança que temos no evangelho de Jesus Cristo. A Bíblia certamente pode ter todos os tipos de funções, usos, aplicações e bênçãos, mas as principais funções dela são o conhecimento, a fé, o amor e a esperança. Se você recebe isso, recebe a Bíblia.

A sétima e última coisa é a relação de Jesus Cristo com a Bíblia. Cristo é o centro de nossa fé e o centro do qual a própria Bíblia testifica. Como esperado, então, passaremos algum tempo falando sobre como ler a Bíblia como se Jesus fosse sua peça central e seu alvo. O que ficará claro é que a Bíblia Sagrada é um livro que engrandece a Jesus.

É isso que está diante de nós. Esperamos que, ao final, você tenha uma compreensão mais profunda do que, como, quem e porquê da Bíblia.

CAPÍTULO 1
A BÍBLIA NÃO CAIU DO CÉU

SE VOCÊ ESTÁ LENDO ESTE LIVRO, provavelmente tem uma Bíblia. Como eu tenho certeza que você sabe, sua Bíblia não caiu do céu, acompanhada por um coro de anjos, e pousou em seu colo, com uma capa encadernada de couro, com as palavras de Jesus em vermelho, cheia de introduções, gráficos, tabelas, referências cruzadas e notas de estudo. Não, obviamente não é de onde sua Bíblia veio.

A verdade é que sua Bíblia veio de uma editora. A editora imprimiu uma tradução específica para o português. Essa tradução foi baseada nos esforços de um grupo de tradutores que trabalharam com edições críticas do Novo Testamento em grego e do Antigo Testamento em hebraico e aramaico. Essas edições críticas são publicações do texto do Antigo e do Novo Testamento em seus idiomas originais, com a adição de fontes e parágrafos para torná-los legíveis. Observe que "crítico" aqui significa "analisado com rigor acadêmico"; estabelecer os textos hebraicos e gregos com base em um estudo dos muitos manuscritos e fontes disponíveis é um esforço acadêmico. As várias edições críticas dos textos gregos e hebraicos que foram feitas desde o Renascimento foram baseadas no estudo de vários manuscritos. Os manuscritos foram gradualmente descobertos, coletados e compilados nos últimos dois mil anos e estão alojados em museus, bibliotecas e coleções particulares em todo o mundo. Fotos, microfilmes e cópias digitais desses manuscritos são armazenados em lugares como o Institute for New Testament Textual Research [Instituto de Pesquisa Textual do Novo Testamento] em Münster, Alemanha, e o Center for the Study of New

Testament Manuscripts [Centro para o Estudo dos Manuscritos do Novo Testamento] em Dallas, Texas. Esses manuscritos datam da Idade Média até o século 2 d.C. e foram copiados por escribas com base em manuscritos ainda mais antigos, que nada mais são do que cópias de outros manuscritos, que remontam à disseminação de um texto de seus destinatários originais, que por sua vez é baseado em um manuscrito original composto por um autor ("manuscrito" significa cópia original do autor). Parece um processo longo e complicado? Bem, foi, mas é isso que vou tentar explicar neste capítulo. Espero que no final você consiga entender como a Bíblia surgiu.

A HISTÓRIA DAS ESCRITURAS DO ANTIGO TESTAMENTO

Há uma história engraçada sobre uma senhora que entrou em uma loja de caridade judaica e pediu ao atendente uma cópia de um Antigo Testamento. O atendente, um jovem judeu, sorriu e respondeu: "Claro! Quantos anos?". Veja bem, os judeus têm apenas um Testamento, e obviamente não precisam chamá-lo de "antigo" para diferenciá-lo da parte que é "nova" como os cristãos fazem. O povo judeu chama seu livro sagrado de TANAKH, que é baseado nas letras TNK e significa *Torá* (os cinco livros de Moisés, a Lei, também conhecido como Pentateuco), os *Nevi'im* (os Profetas) e os *Ketuvim* (os Escritos, uma coleção de livros poéticos e históricos). Os autores judeus que escreveram no período do Segundo Templo, que durou de 530 a.C. a 70 d.C., incluindo os autores do Novo Testamento, podiam referir-se aos textos sagrados de Israel como "Escrituras" (veja, p. ex., Daniel 9:2; 1Macabeus 12:21; 2Macabeus 2:4; 4Macabeus 18:14; Mateus 21:42; Romanos 1:2; 1Pedro 2:6). Na literatura rabínica, escrita do primeiro ao quarto século da era cristã, os escritos judaicos sagrados também são chamados de "Escrituras Sagradas" ou "Livro da Aliança" (baseado em Êxodo 24:7; 2Reis 23:2,21; 2Crônicas 34:30,31). Na linguagem acadêmica, o ANTIGO TESTAMENTO é geralmente referido como a BÍBLIA HEBRAICA, como uma forma não cristianizada de designar a literatura sagrada de Israel.

VOCÊ SABIA?

- O Códice de Leningrado é a cópia completa mais antiga do Antigo Testamento no original hebraico, datada do século 11 da era cristã.
- A cópia mais antiga de um livro completo do Antigo Testamento é o Grande Rolo de Isaías (1QIsab), de Qumran, datado de 350-100 a.C.
- Os três livros mais longos do Antigo Testamento são Jeremias (33.002 palavras), Gênesis (32.046 palavras) e Salmos (30.147 palavras).

As origens e a lógica dessa estrutura tripartite de Lei, Profetas e Escritos não são totalmente claras. Certamente não é uma ordem cronológica de composição, visto que os livros que compõem os Profetas e Escritos foram compostos ao longo de vários séculos, alguns foram editados ao longo do tempo e sua aceitação pelas comunidades judaicas foi variada. A divisão em três partes talvez seja melhor considerada como um agrupamento baseado em um personagem literário comum: livros associados a Moisés, obras proféticas e outros escritos. Essa divisão remonta ao primeiro século d.C., pois no Evangelho de Lucas, o Jesus ressurreto instruiu os discípulos que "Era necessário que se cumprisse tudo o que a meu respeito estava escrito na Lei de Moisés, nos Profetas e nos Salmos" (Lucas 24:44), que corresponde à divisão em três partes da Torá, Profetas e Escritos. Ainda antes, no prólogo de Ben Sirach, composto por volta de 117 a.C., lemos: "Muitos grandes ensinamentos nos foram dados por meio da Lei, dos Profetas e dos outros que os seguiram, e por estes devemos louvar Israel por instrução e sabedoria" (Eclesiástico 1:1).

Divisões no Antigo Testamento/Bíblia Hebraica

LEI	PROFETA	ESCRITOS
Gênesis	Josué	Salmos
Êxodo	Juízes	Provérbios
Levítico	1 e 2Samuel	Jó
Números	1 e 2Reis	Rute
Deuteronômio	Isaías	Eclesiastes

LEI	PROFETA	ESCRITOS
	Jeremias	Cântico dos cânticos
	Ezequiel	Lamentações
	Livro dos 12 Profetas	Daniel
		Ester
		Esdras-Neemias
		1 e 2Crônicas

A Lei

A Lei/Torá/Pentateuco — vamos apenas chamá-la de "Lei" — refere-se aos primeiros cinco livros do Antigo Testamento. Eles compreendem uma narrativa histórica sobre a Criação (Gênesis 1—3), as primeiras civilizações do antigo Oriente Próximo (Gênesis 4—11), os patriarcas, o nascimento do povo hebreu (Gênesis 12—50), o êxodo do povo hebreu para fora do Egito e sua entrada na terra de Canaã (Êxodo, Números, Deuteronômio), bem como regulamentos relativos à adoração de Israel e seu modo de vida diante de Deus (Levítico). É uma história das promessas de Deus, de sua libertação, de alianças e mandamentos em relação à nação de Israel. Você pode ler Deuteronômio 26:5-10 para uma breve sinopse do enredo geral.[1]

Embora a Lei tenha uma história unificada com foco no plano de Deus de criar um povo para si mesmo, há também uma diversidade complexa ao longo dos livros que a compõe. Encontramos histórias antigas da criação, originadas no contexto do Oriente Próximo, semelhantes a outros relatos da formação do mundo, narrativas históricas sobre nômades e reis, vários códigos legais, pactos nacionais e até poesia. O vocabulário varia ao longo do conjunto literário, o que fica particularmente evidente em uma comparação dos códigos de leis de Deuteronômio e Levítico. Às vezes os relatos não têm coesão, como se uma narrativa tivesse sido interrompida por uma inserção. Esse parece

---

[1] William S. Lasor; David A. Hubbard; Frederic W. Bush, Old Testament survey, 2. ed. (Grand Rapids: Eerdmans, 1996), p. 4 [edição em português: *Introdução ao Antigo Testamento* (São Paulo: Vida Nova, 2002)].

ser o caso de Êxodo 20:1-17, a entrega dos Dez Mandamentos, que se intromete na narrativa de Êxodo 19:1—20:21. Também vemos duplicação, como se duas versões de uma história tivessem sido encontradas. Esse é o caso da história da criação (Gênesis 1:1—2:4a e 2:4b-24) e mandamentos sobre alimentos impuros (Levítico 11:1-47 e Deuteronômio 14:3-21). Embora a Lei seja universalmente considerada como o "Livro de Moisés" (veja Josué 23:6; Esdras 6:18; Neemias 8:1; 13:1; Marcos 12:26; Atos 13:39) e algo que o próprio Moisés escreveu (veja Êxodo 24:4; Deuteronômio 31:22; Marcos 12:19; Lucas 20:28; João 1:45), é impossível que Moisés realmente tenha escrito *toda* a Lei. Para começar, é difícil imaginar Moisés sentado para escrever o relato de sua morte e sepultamento em Deuteronômio 34 ou a descrição de si mesmo como o homem mais humilde da terra em Números 12:3. Há também indicações claras de que muitas das narrativas patriarcais sobre Abraão e outros são contadas do ponto de vista daqueles que viveram na terra de Israel em uma época muito posterior. Por exemplo, Gênesis 14:14 declara que Abraão perseguiu os captores de Ló até Dã, embora a área tribal israelita de Dã não tenha recebido seu nome até que os danitas capturassem o território durante a conquista de Canaã por Israel (veja Josué 19:47; Juízes 18:29).[2] Isso significa que a Lei é o produto de uma tradição oral — uma mistura de memória cultural e folclore entre os hebreus — que acabou por ser escrita. Um papel formativo na composição é atribuído a Moisés, depois houve um período de transmissão, crescimento e edição das tradições e textos que provavelmente foi completado por um grupo sacerdotal associado a Esdras logo após o retorno do exílio.

Os Profetas

Na Bíblia cristã, os PROFETAS referem-se aos livros que encerram o Antigo Testamento, ou seja, de Isaías a Malaquias. No entanto, na Bíblia

---

[2]Lasor; Hubbard; Bush, *Old Testament survey*, p. 6-9.

Hebraica, com sua singular ordenação dos livros, mostra que os *primeiros profetas* referem-se a Josué, Juízes, 1 e 2Samuel e 1 e 2Reis, enquanto os *últimos profetas* designam Isaías, Jeremias, Ezequiel e o Livro dos Doze (mais curtos) Profetas. Essas duas categorias de livros proféticos são bem diferentes. A primeira categoria de profetas anteriores apresenta narrativas históricas sobre figuras proféticas como Samuel e Elias, enquanto a segunda categoria de profetas posteriores apresenta livros que são especificamente atribuídos aos próprios autores proféticos. Os primeiros profetas fornecem aos leitores os antecedentes históricos de Israel e uma perspectiva profética sobre o ciclo de libertação do pecado-rebelião do povo de Deus, a formação e o fracasso da monarquia e a divisão que com o tempo separou Israel e Judá. Já os últimos profetas, fornecem uma visão geral do comportamento de rompimento da aliança de Israel, a ameaça de julgamento de Deus e a promessa de Deus de restaurar a nação do exílio em meio à ascensão dos impérios vizinhos da Assíria, Babilônia e Pérsia.

Tal como aconteceu com a Lei, as mensagens proféticas muitas vezes passaram por uma complexa cadeia de custódia antes de finalmente atingirem a forma literária em que as temos hoje. A profetisa Hulda, por um lado, proferiu sua importante palavra profética oralmente, e parece que ela nunca conseguiu um livro (2Reis 22:14). Jeremias, por outro lado, entregou algumas de suas mensagens em forma escrita desde o início (Jeremias 30:2). Parece que a partir do século 8 a.C., as pessoas começaram a colecionar e editar o trabalho de certos profetas para o benefício das gerações seguintes, muitas vezes adicionando material histórico para prover contexto (p. ex., Jeremias 1:1). Portanto, quando você pensa em quem escreveu a literatura profética, você deve imaginar uma equipe inteira — profetas, escribas, historiadores e editores em vários estágios da história de Israel.[3]

---

[3]Meus agradecimentos a Andrew Judd por esse parágrafo.

Os Escritos

O subconjunto de livros do Antigo Testamento chamado de Escritos constitui uma coleção de documentos um tanto diversa e variada. Em primeiro lugar, contém *literatura de sabedoria*, escritos que afirmam discernir a providência e os propósitos de Deus na vida humana. Essa primeira categoria inclui Jó, Salmos e Provérbios. Em segundo lugar, há os *rolos* (chamados *Megillot*, em hebraico), compostos pelo Cântico dos Cânticos, Rute, Lamentações, Eclesiastes e Ester. Em terceiro lugar, há *histórias* na forma de Crônicas, que revisita a história da monarquia israelita a partir da perspectiva do outro lado do exílio, e Esdras-Neemias, que se preocupam com a reconstrução do templo e várias outras provações durante o período pós-exílio. Em quarto lugar, há Daniel, uma mistura de contos da corte, profecias e visões simbólicas relacionadas ao povo de Deus durante o exílio babilônico, explicando seu retorno à terra sob os persas e prevendo a conquista grega do antigo Oriente Próximo.

O cânon do Antigo Testamento

Quando se trata do cânon do Antigo Testamento, a primeira coisa que precisamos fazer é definir o que queremos dizer com "cânon". A palavra grega *kanōn* e a palavra latina *canna* significam uma "vara de medir", isto é, marcar o que é exato ou o que é reto. Em relação aos textos sagrados, o "cânon" marca e define aqueles textos que são considerados divinamente inspirados e autorizados para uso na comunidade religiosa. Enquanto a *escritura* é um livro oficial e sagrado, um *cânon* é uma lista sagrada e oficial de livros.[4] Permita-me acrescentar como é importante lembrar que um cânon *não confere autoridade* aos livros; em vez disso, reconhece *formalmente* o que foi *informalmente* intuído pela comunidade religiosa, isto é, que determinado livro tem autoridade porque é reconhecido como tendo sido dado por Deus e entregue por meio de um agente humano. Assim, por exemplo, a mensagem de Jeremias

---

[4] Bruce M. Metzger, *The canon of the New Testament: its origin, development, and significance* (Oxford: Clarendon, 2009), p. 283.

é a palavra de Deus se escolhemos encaderná-la em um livro de couro premium com o título "Bíblia Sagrada" impresso na capa, ou se escolhemos, como Jeoiaquim, queimar o pergaminho de Jeremias página por página porque não gostamos do que ele diz (Jeremias 36:23).

> Em certo sentido, o movimento cristão teve um cânon das Escrituras em seu início, mesmo antes dos escritos de quaisquer textos apostólicos. O próprio Jesus e seus próprios seguidores tinham uma coleção de escritos sagrados. Eles eram todos judeus e aceitaram plenamente a autoridade dos livros que vieram a ser incluídos no que os cristãos posteriores chamariam de "Antigo Testamento".
>
> — **Bart D. Ehrman**, *Lost Christianitys: the battle for Scripture and the faiths that we never knew* (Oxford: Oxford University Press, 2005), p. 231-2.

O processo de canonização é complicado porque em nenhum lugar de nenhum livro da Bíblia é dito quais livros devem estar nela! Não há "Tu deves considerar de Gênesis a Apocalipse canônicos e desprezar os livros chamados *1Enoque*, o *Evangelho de Pedro* e *Atos de André*", ou qualquer coisa do tipo. Consequentemente, diferentes cânons bíblicos foram desenvolvidos ao longo dos séculos e diferentes cânons ainda são usados por várias comunidades religiosas em todo o mundo.

Por exemplo, os SAMARITANOS — um pequeno grupo deles ainda existe na Palestina até hoje — apenas reconhecem a Lei como autoritativa. Os JUDEUS têm a *Tanakh*, que corresponde ao Antigo Testamento cristão. No entanto, quando se trata de interpretação da *Tanakh*, a tradição judaica segue de perto o conjunto de ensinamentos contidos na *Mishná* e no *Talmud*, uma coleção de tradições orais baseadas nos ensinamentos de famosos líderes rabínicos que com o passar do tempo foram registradas. Os CRISTÃOS reconhecem a *Tanakh* judaica como canônica, mas a dividem de maneira diferente e a chamam de "Antigo Testamento". Eles também reconhecem os vinte e sete livros do Novo Testamento como o cumprimento do Antigo Testamento.

Quando se trata da canonização da *Tanakh*/Antigo Testamento, não temos todos os detalhes, mas ele parece ter surgido da seguinte forma:

Em primeiro lugar, passando pelas citações da *Tanakh*/Antigo Testamento na literatura judaica e cristã dos primeiros séculos a.C. e d.C., a Lei de Moisés era claramente comum a todos os grupos judaicos, e temos a impressão de que vários livros e escritos proféticos também eram bastante populares. Frequentemente, os estudiosos tendem a considerar o período asmoneu (c. 140-40 a.C.) — um breve período de independência dos judeus em relação à dominação estrangeira — como o tempo em que a Bíblia Hebraica foi codificada de forma não oficial. Ou seja, nenhum conselho jamais declarou oficialmente que esses livros fossem o "cânon"; antes, os livros que são tidos como a compilação dos escritos judaicos sagrados foram estabelecidos mediante a prática comum e consenso geral, mesmo que de modo geral houvesse alguma confusão.

Em segundo lugar, a prova disso é que toda a *Tanakh*/Antigo Testamento, exceto Ester, aparece nos Manuscritos do Mar Morto, uma coleção de textos antigos encontrados em Qumran perto do Mar Morto, que podem ser datados, com segurança, antes de 70 d.C. Dito isso, é preciso salientar que os sectários de Qumran que copiaram e abrigaram os pergaminhos também se sentiram livres para compor seus próprios escritos na forma de regras comunitárias, comentários bíblicos e obras apocalípticas que também receberam status de autoridade. Os pergaminhos de Qumran são evidências do consenso emergente sobre os livros da *Tanakh*/Antigo Testamento, mas também sugerem que o cânon judaico estava longe de estar fechado.

Em terceiro lugar, a primeira lista de livros que compõem a *Tanakh*/Antigo Testamento vem do historiador judeu Josefo, escrevendo na década de 90 d.C.[5] Ele se refere a vinte e dois livros reverenciados pelos judeus. Estes incluem os cinco livros de Moisés (Gênesis, Êxodo, Levítico, Números e Deuteronômio), quatro livros de "hinos" ou "regras para viver"

---

[5]Josephus, *Contra Apion* 1.37-42 [edição em português: *Antiguidades dos judeus contra Apion*, trad. A.C. Godoy (Curitiba: Juruá, 2015)].

(Salmos, Provérbios, Eclesiastes e Cântico dos Cânticos), e então, presumivelmente, os livros e histórias proféticos, embora sem dizer precisamente quais. Sua lista de vinte e dois livros é menor do que os vinte e quatro livros padrão da *Tanakh*/Antigo Testamento. Isso pode ser porque ele omitiu dois, Rute e Ester, ou talvez confundiu Jeremias e Lamentações, Esdras e Neemias ou Rute e Juízes. Por volta da mesma época, no livro chamado *4Esdras*, obra apocalíptica escrita após 70 d.C., encontramos referência aos "vinte e quatro livros" que compõem as Escrituras Judaicas.[6]

Em quarto lugar, os cristãos herdaram, em grande parte, a *Tanakh*/ Antigo Testamento de sua herança judaica como seguidores de Jesus. No entanto, a igreja preferiu, em grande parte, a "Septuaginta", o nome que damos a um conjunto de traduções gregas do Antigo Testamento. Os textos da Septuaginta às vezes diferiam na escrita dos textos hebraicos (principalmente em lugares como Jeremias). Além disso, muitos escritos dos "Apócrifos" (mais sobre isso abaixo), como Tobias e Judite, que não aparecem na Bíblia Hebraica, aparecem nas versões cristãs do Antigo Testamento em grego. Permaneceu assim até Jerônimo, quando, no quinto século, os cristãos se esforçaram por alinhar a Bíblia latina o mais de perto possível ao texto e ao cânon hebraico, por meio de traduções diretas dos próprios escritos hebraicos, em vez de confiar na Septuaginta para o Antigo Testamento, como havia sido feito amplamente no passado.

O QUE É A SEPTUAGINTA?

A Septuaginta é um documento muito fascinante e é parte da herança cristã, mesmo como cristãos protestantes. A Septuaginta é uma antiga tradução da Bíblia Hebraica para o grego. Acredita-se que começou a ser produzida cerca de dois e meio a três séculos antes do nascimento de Cristo, em Alexandria, Egito. A primeira parte do projeto tinha como objetivo produzir uma tradução do Pentateuco. [Foi] provavelmente a primeira grande tradução de um idioma para outro que já aconteceu no mundo. Então, como outros livros do Antigo Testamento foram traduzidos para o grego, por extensão eles também

---

[6]*4Ezra* 14:45.

passaram a ser chamados de Septuaginta. A palavra Septuaginta é derivada da palavra latina para o numeral 70, septuaginta. A razão para isso é a tradição de que o Pentateuco foi primeiramente traduzido por 70 ou talvez 72 tradutores. Nas histórias tradicionais de como a tradução foi produzida ambos os números aparecem.

— **Karen Jobes**, entrevista com Timothy George, *Beeson Divinity Podcast*, episódio 321, 3 de janeiro de 2017

O QUE SÃO OS APÓCRIFOS?

Os chamados Apócrifos, do grego, *apokryphos*, que signfica "oculto", referem-se a uma série de livros escritos por autores judeus que foram amplamente lidos por judeus e cristãos, mas considerados de autoria questionável ou de origem duvidosa. Por essa razão, os judeus os omitiram de seu cânon e os cristãos eventualmente atribuíram a eles status secundário.

Embora os apócrifos tenham sido lidos e estudados ao longo da história da igreja, as igrejas cristãs diferem entre si quando se trata do status e extensão dos apócrifos.

Em relação ao status e a ordem desses livros na Bíblia, os PROTESTANTES chamam esses livros de "Apócrifos" e normalmente os colocam entre o Antigo e o Novo Testamento, pelo menos na Bíblia Tyndale-Matthews, na Grande Bíblia, na Bíblia dos Bispos, na Bíblia de Genebra e na Bíblia King James. Um fato interessante é que a versão King James (KJV) originariamente incluía o Antigo Testamento, o Novo Testamento e os Apócrifos, e somente na década de 1880 as sociedades bíblicas começaram a omitir os apócrifos das impressões da KJV. Ainda hoje, muitas Bíblias, como a English Standard Version [Versão Inglesa Padrão] e a Common English Bible [Bíblia em Inglês Comum], incluem os apócrifos em algumas impressões. A leitura dos apócrifos foi incentivada pelas denominações protestantes, não porque os apócrifos deveriam ser usados na pregação ou no estabelecimento da doutrina cristã, mas porque "foram recebidos para serem lidos para o avanço e expansão do conhecimento da história e para a instrução de boas maneiras"

(Bíblia de Genebra), e "para instrução na vida e boas maneiras" (39 Artigos Anglicanos). Em contraste, os CATÓLICOS os reconhecem como "deuterocanônicos", uma segunda coleção canônica, não apenas útil, mas também dada por Deus e dotada de autoridade. A igreja ORTODOXA GREGA reconhece o Antigo Testamento e os Apócrifos, mas não os divide nessas duas categorias, e eles simplesmente os consideram como *anagignoskomena*, que significa "livros para serem lidos".

> **DIFERENTES VISÕES SOBRE OS APÓCRIFOS**
>
> - *Visão negativa* (de acordo com a Confissão de Fé de Westminster 1.3 [1647]): "Os livros comumente chamados Apócrifos, não sendo de inspiração divina, não fazem parte do cânon das Escrituras; e, portanto, não têm autoridade na igreja de Deus, nem devem ser aprovados ou usados de outra forma além de outros escritos humanos".
> - *Visão positiva* (de acordo com o Catecismo Anglicano das igrejas Anglicanas da América do Norte [2020]): Os catorze livros Apócrifos, historicamente reconhecidos por esta igreja, são escritos judaicos pré-cristãos que fornecem a base para o Novo Testamento e estão incluídos em muitas edições da Bíblia. Eles podem ser lidos como exemplos de vida fiel, mas "não para estabelecer alguma doutrina" (citando o artigo 3 dos Trinta e Nove Artigos de Religião).[7]

Para tornar as coisas ainda mais confusas, há divergências sobre quais livros deveriam estar nos apócrifos. Infelizmente, os *apócrifos* protestantes, os *deuterocanônicos* católicos e os *anagignoskomena* ortodoxos gregos não contêm todos o mesmo conjunto de escritos. Se isso não fosse complicado o bastante, considere o seguinte: a BÍBLIA ESLAVA, uma antepassada literária da Versão Sinodal Russa (a Bíblia Ortodoxa Russa padrão), tem pequenas variações da Bíblia Ortodoxa Grega quanto a quais livros apócrifos ela inclui. Um pouco mais exótica, a igreja ORTODOXA ETÍOPE inclui em seu Antigo Testamento todo o cânon hebraico

---

[7] J. I. Packer; Joel Scandrett, *To be a Christian: an Anglican catechism* (Wheaton: Crossway, 2020), p. 35.

e os apócrifos, mas também acrescenta "escritos pseudepígrafos" (textos atribuídos falsa ou ficcionalmente a figuras antigas) como *Jubileus*, *1Enoque* e *4Baruque*, enquanto rejeita livros como 1 e 2Macabeus. O Novo Testamento Etíope inclui os vinte e sete livros padrão, mas acrescenta muitos outros livros relacionados à ordem da igreja, como a *Didascália* e o *Livro da Aliança*, dando-lhes um cânon com nada menos que oitenta e um livros! Então, quando alguém fala sobre *o* cânon bíblico, você quase tem de perguntar: qual?

Livros apócrifos em seus muitos cânons

	BÍBLIA CATÓLICA ROMANA (VULGATA)	BÍBLIA ORTODOXA GREGA	BÍBLIA ESLAVA
Oração de Manassés		•	•
1Esdras*		•	•
2Esdras	**		
Acréscimos a Ester		•	•
Tobias		•	•
Judite		•	•
1Macabeus		•	•
2Macabeus		•	•
3Macabeus		•	
4Macabeus		**	
Salmo 151			
Sabedoria de Salomão		•	•
Eclesiástico/Siraque	•	•	•
Baruque	•	•	•
Epístola de Jeremias		•	•
Acréscimos a Daniel	•	•	•
Susana		•	•

*Os livros com o nome de "Esdras" são extremamente confusos. Eles podem se referir a (1) Esdras do Antigo Testamento; (2) Neemias do Antigo Testamento; (3) uma combinação de Esdras e Neemias do Antigo Testamento; (4) uma paráfrase grega de 2Crônicas 35 e 36 prefaciando todo o livro de Esdras com Neemias 7:73—8:12, além de um conto sobre os guarda-costas de Dario (1Esdras, acima); e (5) uma obra apocalíptica existente em latim (2Esdras, acima).

**Aparece no apêndice desta Bíblia.

Permita-me ser claro em relação a isso: os cristãos devem ler os apócrifos! Se você quer entender o período histórico entre Malaquias e o Evangelho de Mateus, então deve fazer um esforço determinado para ler a história, a literatura sapiencial e as esperanças apocalípticas contidas neste corpo de escritos. Os livros chamados por nós de "apócrifos" foram amplamente lidos e usados pelos cristãos nos primeiros séculos e só gradualmente foram separados do Antigo e do Novo Testamento. Os Apócrifos fornecem um vislumbre do mundo do Judaísmo do Segundo Templo e os antecedentes históricos do período do Novo Testamento. Então *tolle lege*, pegue e leia!

A HISTÓRIA DAS ESCRITURAS DO NOVO TESTAMENTO

O Novo Testamento é o testemunho dos apóstolos sobre Jesus: quem ele era, o que fez, por que morreu, como foi ressuscitado dentre os mortos e exaltado à destra do Pai. O Novo Testamento contém uma diversidade de autores e gêneros, mas se fôssemos atribuir um único tema ao seu conteúdo, seria este: em Cristo, Deus está reconciliando o mundo consigo mesmo. O Deus da criação, o Deus de Israel, deu-se a conhecer na pessoa e obra de Jesus de Nazaré. E este Jesus, a quem os romanos crucificaram, é Senhor e Messias. Ele morreu por nossos pecados e ressuscitou para nos colocar em paz com Deus, e a salvação é encontrada ao colocarmos nossa fé nele.

> **VOCÊ SABIA?**
> - O Códice Vaticano, datado do século 4, é a cópia completa mais antiga do Novo Testamento grego. Está disponível online graças ao Center for the Study of New Testament Manuscripts [Centro para o Estudo de Manuscritos do Novo Testamento] em: www.csntm.org/Manuscript/View/GA_03.
> - O fragmento mais antigo do Novo Testamento grego é o papiro de John Rylands (P52), datado de 125-175 d.C., que contém frases de João 18:31-33,37,38.
> - O Evangelho de Lucas é o livro mais longo do Novo Testamento (19.482 palavras).

Evangelhos e Atos

Os primeiros quatro livros do Novo Testamento são os EVANGELHOS, que contam a história da vida, morte e ressurreição de Jesus. Mateus é o primeiro Evangelho, um livro que enfatiza como Jesus cumpre o Antigo Testamento e o apresenta como o tão esperado Filho de Davi. O Evangelho de Marcos é o próximo, mais curto que o de Mateus, mas cheio de brio dramático. Marcos ressalta como Jesus é o Messias — não a despeito da cruz, mas justamente por causa dela, o crucificado é o rei de Israel. O Evangelho de Lucas é talvez o mais elegante dos Evangelhos, escrito em boa prosa grega, com um olhar de historiador para os detalhes. Lucas enfatiza a natureza profética do ministério de Jesus e destaca o cuidado de Jesus para com os pobres e marginalizados. Por fim, há o Evangelho de João, contando a mesma história, mas com uma textura diferente e com detalhes diferentes em mente. João tem sido considerado o "evangelho espiritual", contando a história de Jesus em um tom espiritual diferente.

Não devemos esquecer o livro de ATOS, a continuação do Evangelho de Lucas, que traça os primórdios da igreja desde o dia de Pentecostes em Jerusalém até a chegada de Paulo a Roma. Atos é uma de nossas principais fontes sobre a igreja primitiva e a expansão do cristianismo no Mediterrâneo oriental. Também se concentra nos ministérios apostólicos de Pedro e de Paulo e nos dá informações muito necessárias sobre seus esforços missionários. No entanto, Atos é principalmente um trabalho apologético, tentando exonerar a igreja primitiva da acusação de que não ser nada além de um grupo de agitadores que incitavam os judeus e representavam uma ameaça à ordem romana.

Os Evangelhos derivam de uma mistura de tradições orais e escritas provenientes da primeira geração de testemunhas oculares de Jesus. Essas tradições foram compiladas pelos evangelistas em seus respectivos Evangelhos (veja Lucas 1:1-4). O Evangelho de Marcos provavelmente foi composto primeiro, por volta de 70 d.C., segundo a tradição, em Roma, com João Marcos atuando como transcritor das memórias de

Pedro sobre Jesus. Lucas e Mateus são geralmente datados de cerca de 80-90 d.C. Eles incorporam a maior parte de Marcos em seus próprios Evangelhos, usando-o como uma espécie de modelo, mas expandem significativamente o esboço de Marcos com conteúdo adicional. Eles também têm seu próprio material que se sobrepõe, como o Sermão do Monte (Mateus 5—7) e o Sermão da Planície (Lucas 6), seja porque compartilharam uma fonte comum ou talvez porque Lucas usou Mateus ou vice-versa. Acredita-se que o Evangelho de João segue o de Marcos em esboço, mas não em conteúdo, visto que João tem sua própria tradição independente, tradição esta marcada por uma misteriosa gratidão à figura chamada "Discípulo Amado", que a tradição identifica como o apóstolo João. João contém uma mistura de memória e mistério sobre Jesus, oferecendo uma margem interpretativa mais ampla; ele parece estar mais preocupado com o significado de Jesus do que meramente em relatar os fatos sobre ele. João é o evangelista que quer que vejamos em Jesus a própria face do Deus de Israel.

As cartas de Paulo
Paulo foi o apóstolo para judeus e gentios no Mediterrâneo oriental, o ex-perseguidor que se tornou proclamador, que virou o mundo de cabeça para baixo ao estabelecer igrejas em casas — em grande parte não judaicas — na Síria, na Ásia Menor e na Grécia. Paulo experimentava oposição aonde quer que fosse. Evidentemente, muitos judeus não gostaram que ele lhes dissesse que todas as promessas bíblicas foram cumpridas em um homem crucificado, e muitos romanos não gostaram de ouvir que Jesus, não César, era o verdadeiro Senhor do mundo. No entanto, Paulo, especialmente por meio de suas cartas, moldou a igreja como nenhuma outra figura da era apostólica.

Há treze cartas (ou epístolas) atribuídas a Paulo e a seus colaboradores, datadas por volta de 48-65 d.C., dependendo de como se correlacionam as cartas paulinas com o livro de Atos. Muitos estudiosos pensam que Paulo pode não ter escrito 1 e 2Timóteo, Tito, 2Tessalonicenses,

Colossenses e Efésios, porque a linguagem e o estilo são diferentes das outras cartas que são indiscutivelmente de Paulo. Isso é possível; talvez essas cartas tenham sido escritas de uma escola paulina nas décadas logo após a morte de Paulo, numa tentativa de imitar a Paulo em razão da admiração por ele. Por outro lado, as diferenças de estilo também podem ser explicadas pelo fato de Paulo usar um escrevente, pela influência dos colegas de trabalho de Paulo e até mesmo pelo humor de Paulo quando escreveu (lembre-se, o mesmo Shakespeare que escreveu o brilhante *Hamlet* também escreveu o banal *Titus Andronicus*).

Quanto ao conteúdo, nessas cartas vemos que Paulo estava lidando com muitas controvérsias nas várias igrejas que ele ou outros fundaram. Ele teve de responder a certos comportamentos imorais, diferenças de opinião sobre o quanto da Torá se deve obedecer, questões financeiras, como a coleta para a igreja empobrecida de Jerusalém, e a figuras intrusas que tentaram marginalizá-lo e interferir em sua ação. Ele também aconselhou aos crentes sobre como deviam evitar tornar-se como o mundo pagão ao seu redor. Paulo às vezes brigava com os outros apóstolos, tendo divergências bastante vigorosas com eles, principalmente sobre os gentios deverem ou não se converter ao judaísmo para serem cristãos. Quanto a essa questão Paulo respondeu com um não definitivo: eles não precisam, nem devem se converter ao judaísmo mediante a circuncisão, porque isso significaria que o Messias morreu em vão (Gálatas 2:21). Somente a fé é suficiente para salvar e incorporar os gentios à igreja.

Cartas Católicas e o Livro de Apocalipse

As CARTAS CATÓLICAS (OU GERAIS) consistem em vários escritos que tratam de assuntos pastorais e teológicos. A carta aos Hebreus é um sermão retoricamente rico que basicamente exorta o público a não voltar ao judaísmo, pois o que eles têm em Jesus é muito melhor! Embora muitos ainda pensem que Paulo a escreveu, a única certeza que podemos ter em relação à carta é que Paulo não a escreveu, embora talvez um simpatizante de Paulo o tenha feito. Muitos acreditam que a carta foi composta em Roma no final dos anos 50 ou início dos anos 60 d.C., na véspera da perseguição neroniana (embora alguns a datem muito mais tarde). É possível que a carta de Tiago seja o escrito mais antigo de todo o Novo Testamento. Talvez tenha sido escrita em meados dos anos 40 d.C. (Tiago foi martirizado em 62 d.C.). A carta foi escrita para as sinagogas cristãs na Galileia rural e na Síria, apresentando-lhes várias instruções éticas, bem como lidando com uma distorção do ensino de Paulo sobre a justificação pela fé somente. Outros estudiosos a consideram uma coleção de ensinamentos diversos entrelaçados em um sermão, talvez em dívida com Tiago, mas compilados e divulgados às igrejas muito mais tarde. Escrita por Pedro quando ele estava em Roma, a carta de 1Pedro foi endereçada para as igrejas na Ásia Menor (ou seja, a Turquia moderna), exortando-os a lutar pela fé em circunstâncias adversas. A carta de Judas foi escrita por outro parente de Jesus e exorta o público a evitar falsos mestres e a perseverar em sua santíssima fé. 2Pedro é essencialmente um tratado teológico contra a heresia, com uma exortação para não se perder a esperança no retorno de Cristo; é muito diferente em estilo de 1Pedro, incorpora toda a epístola de Judas no capítulo 2, tem uma possível alusão ao Evangelho de Mateus, parece conhecer uma coleção de cartas paulinas que é amplamente considerada como "Escritura," e a primeira pessoa a citá-la foi Orígenes no século 3. Assim, a maioria dos estudiosos pensa que Pedro não escreveu 2Pedro; em vez disso, acredita-se que 2Pedro foi uma espécie de "ficção transparente", talvez tentando mostrar o que Pedro diria se estivesse "por aí" naqueles dias.[8] Estudiosos a datam de 65 a 200 d.C. As cartas de João são endereçadas a um conjunto de igrejas ao redor de Éfeso; elas foram escritas no final do primeiro século por João, o Velho, que possivelmente era a mesma pessoa que o apóstolo João (mas não podemos dizer com certeza!). Em sua primeira carta, João exorta os crentes a seguirem o mandamento

---

[8]Richard Bauckham, *Jude, 2 Peter*, Word Biblical Commentary 50 (Waco: Word, 1983), p. 134.

de amor de Jesus, e a se apartarem daqueles que defendem a heresia do docetismo (que Jesus não tinha um corpo físico) e a resistirem àqueles que negam que Jesus era o Messias (talvez referindo-se a cristãos judeus que abandonaram o cristianismo e voltaram ao judaísmo não messiânico). Em sua segunda carta, João adverte a "senhora eleita e aos seus filhos" — provavelmente um título simbólico para a liderança e leigos de uma igreja irmã — sobre os enganadores e o anticristo. Em sua terceira carta, João escreve a Gaio, alertando-o sobre Diótrefes e cantando louvores a Demétrio.

Isso nos leva finalmente ao LIVRO DE APOCALIPSE, também conhecido como o APOCALIPSE DE JOÃO. O livro é uma mistura de carta, profecia e simbolismo apocalíptico. João, o Profeta (não necessariamente o mesmo João que João, o Velho, das epístolas, ou João, o evangelista responsável pelo Evangelho de João), teve uma visão na ilha de Patmos sobre o presente, o futuro próximo e o futuro distante. Apocalipse contém cartas para as sete igrejas da Ásia Menor na moderna Turquia ocidental (Apocalipse 1—3), uma visão da adoração celestial e a comissão de Cristo para redimir seu povo (Apocalipse 4 e 5), uma profecia carregada de símbolos do futuro que inclui a derrota do Império Romano e todos os inimigos de Deus (Apocalipse 6:1—19:10), e, por fim, o retorno de Cristo (Apocalipse 19:11—20:15) e a consumação dos novos céus e nova terra (Apocalipse 21 e 22). O enredo é bem simples: Deus vence, o Cordeiro triunfa e a igreja reina com Cristo para sempre!

O cânon do Novo Testamento

De forma semelhante à canonização do Antigo Testamento, as pessoas que coletaram esses livros cristãos os copiaram, compartilharam e os utilizaram no culto e na pregação. Eles estavam convencidos de que tais livros carregavam as palavras de Jesus, tinham autoridade apostólica e, em certo sentido, eram dados por Deus. Quando algumas pessoas fizeram listas sobre quais livros deveriam ser considerados pelos cristãos como parte da Bíblia, elas não estavam decidindo fazer de certos livros

Escrituras Sagradas com base em seu próprio gosto ou maquinação. Mais apropriadamente, as primeiras listas de livros recomendados e rejeitados tinham como objetivo reconhecer a autoridade de livros que já estavam exigindo a obediência dos fiéis nas igrejas em toda a Europa, África e Oriente Médio.

A consolidação do CÂNON DO NOVO TESTAMENTO foi um processo gradual à medida que as igrejas chegaram a um acordo sobre uma lista definitiva de escritos cristãos. Ninguém andava com um "detector de inspiração" colecionando livros que atingiam um alto nível de inspiração. A igreja do segundo século mantinha as Escrituras Judaicas (geralmente a Septuaginta), as palavras de Jesus (seja na tradição oral, nos Evangelhos ou mesmo em outros escritos) e as instruções apostólicas (especialmente Pedro, Paulo e João) em alta consideração. Em meados do século 2, os quatro Evangelhos e uma coleção de cartas paulinas eram amplamente utilizados e altamente considerados. Estes são os escritos primários usados pelos pais apostólicos e apologistas cristãos primitivos, mesmo que outros escritos também tenham sido utilizados por grupos cristãos.

> Atanásio foi um bispo de Alexandria, Egito, no século 4, e em sua trigésima nona carta festiva (367 d.C.), ele escreveu para suas igrejas sobre o cânon bíblico:
>
>> Há, então, do Antigo Testamento, um número de vinte e dois livros; pois, como ouvi, é transmitido que este é o número das letras entre os hebreus; sua respectiva ordem e nomes sendo os seguintes: o primeiro é Gênesis, depois Êxodo, depois Levítico, depois Números e depois Deuteronômio. Logo depois vem Josué, filho de Nun, depois Juízes, depois Rute. Depois desses, quatro livros de Reis, o primeiro e o segundo sendo contados como um único livro, e também o terceiro e o quarto como um livro. E, novamente, o primeiro e o segundo das Crônicas são considerados como um só livro. Em seguida, Esdras, o primeiro e o segundo são igualmente um livro. Depois destes, há o livro dos Salmos, depois os Provérbios, depois Eclesiastes e o Cântico dos Cânticos. Segue-se com o livro de Jó, então os Profetas, os doze sendo contados como

> um livro. Então um livro de Isaías, seguindo-se de Jeremias com Baruque, Lamentações, e a epístola, um livro; depois, Ezequiel e Daniel, cada um deles sendo um livro. Até aqui constitui o Antigo Testamento. Novamente, não é tedioso falar dos [livros] do Novo Testamento. Estes são os quatro Evangelhos: Mateus, Marcos, Lucas e João. Depois, os Atos dos Apóstolos e Epístolas (chamados católicos), sete, a saber, uma de Tiago; de Pedro, duas; de João, três; depois destes, uma de Judas. Além disso, há catorze epístolas de Paulo, escritas nesta ordem. A primeira, aos Romanos; depois duas para os Coríntios; depois destes, aos Gálatas; em seguida, aos Efésios; depois para os Filipenses; depois para os Colossenses; depois destes, duas para os Tessalonicenses, e aquela para os Hebreus; e novamente, duas para Timóteo; uma para Tito; e por último, uma para Filemon. E além disso, o Apocalipse de João.[9]

Então, no final do segundo século, surgiu a necessidade de fornecer uma lista oficial de livros sagrados para uso cristão, por causa de grupos cristãos "hereges" que adulteravam os escritos apostólicos ou compunham sua própria literatura concorrente (entre eles estavam grupos como os ebionitas, marcionitas, valentinianos e setianos, cada um com sua própria revisão dos textos do Novo Testamento, com ideias variadas sobre a fé cristã e novos escritos para explicar seus pontos de vista específicos). Algumas das primeiras listas de escritos cristãos autorizados — o Cânon Muratoriano e os *Prólogos antimarcionitas* — provavelmente foram escritos durante esse período, e listam os livros geralmente aceitos nas igrejas e que se acredita terem sido compostos dentro do círculo dos apóstolos. Nos séculos seguintes, várias listas de livros autorizados foram apresentadas, mas os livros que ganharam circulação imediata incluíam os quatro Evangelhos, treze ou catorze cartas de Paulo (hebreus muitas vezes sendo considerada como de autoria paulina), 1Pedro e 1João. De um modo geral, Hebreus, Tiago, Judas, 2Pedro, 2 e 3João e Apocalipse foram aceitos por muitas igrejas, mas ainda contestados

---

[9]Philip Schaff; Henry Wace, orgs., *Nicene and post-Nicene fathers*, second series, reimpr. (Edinburgh: T&T Clark, 1991), 4:552, 14 vols.

por alguns.¹⁰ As razões para contestá-los eram baseadas no conteúdo (alguns rejeitaram o milenarismo do Apocalipse com sua visão de um reinado de mil anos de Cristo na terra) ou em dúvidas sobre sua autoria (como no caso de 2Pedro).¹¹ Vários outros livros também obtiveram apoio, como *O pastor*, de Hermas, o *Apocalipse de Pedro*, a *Epístola de Barnabé*, a *Didaquê* e *1Clemente*, mas acabaram sendo rejeitados pela maioria como adulterados ou não escritos por um apóstolo.

Os critérios para que um escrito cristão se tornar canônico parecem ter sido:

1. *Apostolicidade*: Foi escrito por um apóstolo ou companheiro apostólico?
2. *Antiguidade*: pode ser datada da era apostólica?
3. *Ortodoxia*: Conformava-se com os ensinamentos da igreja?
4. *Catolicidade*: Foi amplamente utilizado em todas as igrejas?

A cristalização do processo de canonização ocorreu no final do século 4. A Trigésima Nona Carta Festiva de Atanásio (367 d.C.), bem como os concílios de Hipona Regius (393 d.C.) e Cartago (397 d.C.), listaram os vinte e sete livros em nosso atual Novo Testamento como canônicos.¹²

E OS "OUTROS EVANGELHOS"?

É verdade que Mateus, Marcos, Lucas e João não foram os únicos Evangelhos escritos. Houve uma explosão de Evangelhos escritos no segundo e terceiro séculos, com o *Evangelho de Tomé*, *Evangelho da verdade*, *Evangelho de Pedro*, *Evangelho de Filipe*, *Evangelho de Judas*, *Evangelho de Maria*, Evangelho

---

¹⁰Eusebius, Hist. eccl. 3.25.3 [edição em português: *História eclesiástica* (São Paulo: Paulus, 2000)].
¹¹Eusebius, Hist. eccl. 2.23.25.
¹²Michael F. Bird, "Canon, biblical", in: Daniel Treier; W. A. Elwell, orgs., *Evangelical dictionary of theology*, 3. ed. (Grand Rapids: Baker, 2016), p. 156-8.

dos egípcios e muitos outros provavelmente compostos durante esse tempo. Alguns desses Evangelhos podem ter conexões com as primeiras tradições orais sobre Jesus, mas, na maioria das vezes, eles eram derivados dos quatro Evangelhos canônicos, e seu valor principal é que eles testemunham as diversas e variadas maneiras pelas quais a história de Jesus foi lembrada e interpretada por grupos cristãos que nunca se tornaram parte da igreja dominante. Muitos desses outros evangelhos são considerados heréticos pelos padrões posteriores da ortodoxia, embora nem todos sejam, e alguns são compatíveis com a crença cristã comum. Ainda que alguns teólogos e líderes da igreja vissem algum valor nesses outros evangelhos, eles foram rejeitados principalmente como representações falsificadas de Jesus — fora de sincronia com a fé da igreja tradicional — e denunciados como adulterados por ensinar coisas que eram elitistas e esotéricas. Eles não foram rejeitados por causa de uma conspiração liderada pelos bispos em conluio com o imperador para suprimir a verdade sobre Jesus. Não, esses outros Evangelhos foram rejeitados porque apresentavam um Jesus diferente; um Jesus diferente do evangelho da salvação, diferente do Jesus que a igreja adorava, e não aquele em nome de quem os cristãos oravam. Para exemplificar, considere o versículo final do Evangelho de Tomé (v. 114), que diz:

> Simão Pedro disse-lhes: "Deixem que Maria saia do nosso meio, porque as mulheres não são dignas da vida". Jesus disse: "Eis que eu a atrairei para torná-la homem, para que ela também se torne um espírito masculino vivente, semelhante a ti". Mas eu lhes digo: "Toda mulher que se faz homem entrará no reino dos céus". (trad. Stephen Patterson e James Robinson)

UMA BREVE HISTÓRIA DA BÍBLIA EM LÍNGUA INGLESA

Durante a Idade Média, a Vulgata Latina era a Bíblia da igreja inglesa. Apesar da existência de alguns fragmentos aqui e ali, não havia tradução inglesa da Bíblia na língua comum. Mas, na década de 1380, o professor de Oxford, JOHN WYCLIFFE, começou a produzir uma tradução inglesa da Vulgata. Wycliffe foi declarado herege pela igreja Católica Romana, mas seus seguidores, conhecidos como lollardos, mantiveram seus ensinamentos e traduções vivos em um movimento clandestino —

apesar de as traduções para o inglês terem sido proibidas por Henrique IV em 1401.

As coisas vieram à tona quando ERASMO de Roterdã publicou sua primeira edição de um paralelo latino-grego do Novo Testamento, em 1516, o *Novum Testamentum*, baseado em um número limitado de manuscritos gregos medievais aos quais ele teve acesso. Esse livro não foi apenas uma edição original do Novo Testamento grego, mas foi reproduzido em grande número por causa da invenção da imprensa. O *Novum Testamentum* de Erasmo destacou as disparidades entre as versões grega e latina do Novo Testamento, o que reforçou o argumento a favor de uma reforma religiosa. O *Novum Testamentum* de Erasmo passou por cinco edições nos vinte anos seguintes, com cada edição tentando melhorar o texto quando novos manuscritos eram trazidos à sua atenção. A terceira edição de 1522 serviu de base para a tradução ilegal e contrabandeada do Novo Testamento em inglês por WILLIAM TYNDALE em 1526. Uma tradução do Antigo Testamento para o inglês foi concluída por MYLES COVERDALE, com base no trabalho inacabado de Tyndale, a própria tradução de Coverdale da Vulgata, e a Bíblia alemã de Lutero em 1535. Assim, foi em 1535 que a Inglaterra finalmente teve uma cópia completa do Antigo e do Novo Testamento em inglês.

Pouco depois, em 1537, John Rogers produziu sua própria tradução do Antigo e do Novo Testamento para o inglês — dependendo, em grande parte, do trabalho de Tyndale e de Coverdale — chamada "The Matthew Bible" [A Bíblia de Matthew] porque Rogers escreveu sob o pseudônimo de Thomas Matthew. Então, em 1539, o arcebispo Thomas Cranmer comissionou Coverdale a produzir a The Great Bible [A Grande Bíblia], que foi a primeira Bíblia em inglês oficialmente autorizada para uso na igreja da Inglaterra.

Outras traduções inglesas notáveis incluem a Bíblia de Genebra de 1560, produzida pelos exilados ingleses protestantes que escaparam da rainha Maria I da Inglaterra e se refugiaram em Genebra. Como alternativa à Bíblia de Genebra, havia a Bíblia dos Bispos, de 1568. Quando a protestante Elizabete I ascendeu ao trono inglês, os exilados católicos criaram sua própria contra-tradução inglesa chamada Bíblia Reims--Douai de 1582 (Novo Testamento) e de 1610 (Antigo Testamento). Foi, no entanto, a VERSÃO KING JAMES DE 1611 que se tornou a Bíblia oficial do mundo de língua inglesa por aproximadamente os próximos três séculos (embora muitos não saibam, até mesmo a Bíblia King James foi editada ao longo dos anos!).

Apesar de seu domínio, a elegante e estimada King James Version (KJV) começou a deixar de ser usada no século 20, por duas razões.

Primeiro, a base textual da KJV acabou ficando ultrapassada por novas descobertas de manuscritos e pesquisas no campo da crítica textual (crítica textual é o estudo dos manuscritos originais nos quais nossas Bíblias em inglês [e português] se baseiam).

O Novo Testamento da KJV foi baseado em uma tradução do texto grego do Novo Testamento compilado por Teodoro de Beza (1598), o qual foi baseado na edição de Estéfano (1551), que, por sua vez, foi baseada na terceira edição do *Novum Testamentum* de Erasmo (este é o chamado Textus Receptus ou "Texto Recebido"). No entanto, à medida que mais manuscritos começaram a ser descobertos por viajantes intrépidos às bibliotecas e mosteiros do Oriente durante os três séculos seguintes, esses manuscritos foram usados na criação de novas edições críticas do Novo Testamento grego, o que melhorou muito a probabilidade de recuperar um texto mais próximo dos manuscritos originais. Estudiosos como B. F. Westcott (1825-1901) e F. J. A. Hort (1828-1892), na Inglaterra, bem como E. Nestle (1851-1913) e K. Aland (1915-1994), na Alemanha, estudaram esses vários manuscritos e refinaram a metodologia para determinar, dentre todas as evidências textuais disponíveis, qual seria o texto original do Novo Testamento. As novas edições foram uma melhoria no Textus Receptus, pois foram baseadas em manuscritos mais antigos e numa metodologia melhor para decidir entre diversos concorrentes. Novas edições críticas do Novo Testamento grego forneceram, em grande parte, a base textual para traduções modernas como a New International Version [Nova Versão Internacional], a New Revised Standard Version [Nova Versão Padrão Revisada], a English Standard Version [Versão Inglesa Padrão] e a Common English Bible [Bíblia em Inglês Comum], para citar algumas.

Para o Antigo Testamento, a KJV usou a Bíblia rabínica hebraica de Daniel Blomberg (1524-1525), embora ajustada para se adequar às cristianizações do Antigo Testamento encontradas na Vulgata (Bíblia latina) e na Septuaginta (Antigo Testamento grego). No entanto, o estudo do texto hebraico foi muito aprimorado pela descoberta dos Manuscritos do Mar Morto, em 1946-1956, em Qumran, Israel. Os pergaminhos continham cópias hebraicas de livros, comentários e uma infinidade de citações e alusões ao hebraico do Antigo Testamento. Em alguns casos, os rolos confirmaram a relativa estabilidade da transmissão do texto do Antigo Testamento. As cópias do livro de Isaías encontrados em Qumran são praticamente idênticas ao Texto Massorético do século 12 usado para fazer edições modernas da Bíblia Hebraica. Por outro lado, são levantadas questões sobre outros livros, como Jeremias, pois há algumas diferenças entre os manuscritos encontrados em Qumran, o texto massorético de Jeremias do século 12 e os manuscritos contendo Jeremias em grego. Assim, agora temos um número maior de manuscritos antigos para estudar e um sistema melhor para navegar pelas diferenças entre manuscritos, podendo produzir edições hebraicas e gregas da Bíblia que estão muito mais próximas dos manuscritos originais do que aquelas produzidas por estudiosos em 1611.

Em segundo lugar, a língua inglesa mudou desde 1611. Hoje em dia, ninguém mais, exceto os atores shakespearianos, fala o inglês elizabetano, e até o significado das palavras inglesas mudou ao longo do tempo. Por exemplo, em 1Tessalonicenses 4:15, a KJV diz: "nós, os que estamos vivos e permanecemos para a vinda do Senhor, não *preveniremos* os que dormem". Ao usar a palavra *prevenir*, pode-se pensar que Paulo está negando a possibilidade de que os vivos impeçam os mortos de ressucitar, mas esse não é o ponto. O grego original usa a palavra *phthanō*, que significa "vir antes de outro", e o comitê da KJV traduziu o termo por *prevenir*, influenciada pelo latim *preveniens*, "vir antes de outro". O problema é que no inglês moderno *prevent* não significa preceder, mas algo mais como "impedir" ou "inibir". Por essa razão as traduções modernas como a NVI são muito melhores — pelo menos enquanto falamos português —, ao traduzir 1Tessalonicenses 4:15 como: "nós, os que estivermos vivos, os que ficarmos até a vinda do Senhor, certamente não *precederemos* os que dormem". A KJV foi composta para colocar a palavra de Deus na língua comum, em linguagem que as pessoas comuns pudessem entender, seja um lavrador trabalhando nos campos ou uma empregada trabalhando em uma mansão. Considerando o fato de compartilharmos do mesmo objetivo — fornecer às pessoas uma tradução que possam entender —, precisamos constantemente revisar nossas traduções para refletir a língua comum.

Então, em um tour rápido, foi dessa forma que obtivemos o Antigo e o Novo Testamento, e também nossas Bíblias.

LEITURA RECOMENDADA

Antigo Testamento

BECKWITH, Roger T. *The Old Testament canon of the New Testament Church and its background in early Judaism* (Eugene: Wipf & Stock, 2008).

LONGMAN III, Tremper; DILLARD, Raymond B. *An introduction to the Old Testament*. 2. ed. (Grand Rapids: Zondervan, 2009).

_____. *Introdução ao Antigo Testamento* (São Paulo: Vida Nova, 2005).

Apócrifos

DESILVA, David A. *Introducing the Apocrypha: message, context, significance* (Grand Rapids: Baker, 2004).

HARRINGTON, Daniel J. *Invitation to the Apocrypha* (Grand Rapids: Eerdmans, 1999).

Novo Testamento

BURGE, Gary M.; GREEN, Gene L. *The New Testament in antiquity*. 2. ed. (Grand Rapids: Zondervan, 2020).

PATZIA, Arthur G. *The making of the New Testament: origin, collection, text and canon* (Downers Grove: InterVarsity, 1995).

Bíblia Inglesa

BOBRICK, Benson. *The making of the English Bible* (London: Phoenix, 2003).

BRUCE, F. F. *The books and the parchments: how we got our English Bible* (Old Tappan: Revell, 1984).

CAPÍTULO 2

A BÍBLIA É DIVINAMENTE INSPIRADA E HUMANAMENTE COMPOSTA

A BÍBLIA É A "PALAVRA DE DEUS", e isso significa que é uma mensagem divinamente comunicada de Deus para nós. No entanto, como você deve ter notado, também é um livro muito humano. A Bíblia foi escrita por autores humanos, em línguas humanas, narrando acontecimentos humanos, lidando com questões humanas e orientando os humanos sobre todas as coisas pertencentes a Deus. Então, quais partes são divinas e quais são humanas? É possível diferenciá-las? Ou, podemos perguntar, como Deus fez chegar sua mensagem aos autores bíblicos e comunicá-la por meio deles e a partir deles? Nossas indagações aqui são tradicionalmente chamadas de INSPIRAÇÃO: a explicação de como a Bíblia se origina tanto de Deus quanto de seres humanos. Quando investigamos o tópico da inspiração bíblica, estamos examinando os meios, por mais misteriosos que sejam, pelos quais Deus comunica sua mensagem por meio de autores humanos como Isaías, Oseias, Amós, Mateus, Paulo e Lucas.

Além disso, muitos teólogos afirmam que, se a Bíblia é inspirada — em qualquer sentido —, ela também deve ser inerrante, ou seja, sem erros. Mas o que significa dizer que a Bíblia é "sem erro"? Será que isso é de fato verdade? Em caso afirmativo, isso significa que a Bíblia é verdadeira e exata em todos os detalhes, mesmo nos aspectos históricos e científicos, ou a veracidade da Bíblia se estende apenas ao assunto de suas reivindicações religiosas e éticas? Os teólogos estão notoriamente divididos sobre o que significa inerrância e até que ponto ela se aplica. Tem havido toda uma série de divisões faccionais sobre esse assunto no que parece ser uma "batalha sem fim pela Bíblia" dentro das denominações e instituições evangélicas.

Assim, a fim de explicar as origens divinas e o "toque humano" da Bíblia, neste capítulo investigaremos estas duas grandes palavras teológicas: inspiração e inerrância. É vital que os cristãos saibam *como* a Bíblia nos é dada e *como* ela é verdadeira. Ter uma boa compreensão acerca da inspiração e inerrância significa que não vamos tratar a Bíblia como um código secreto, desbloqueado pelo simbolismo no verso de uma nota de dez dólares, nem usá-la inadequadamente como um manual sobre desenvolvimento cognitivo do adolescente, ou um trabalho de referência em paleontologia. Seremos livres para honrar a Bíblia como ela se apresenta e valorizá-la pelas verdades que fala. Assim, espero que, ao final deste capítulo, você tenha uma compreensão melhor de como a Bíblia é a palavra de Deus por meio de autores humanos e esteja totalmente convencido de que ela é verdadeira e confiável nos assuntos sobre os quais fala.

DISCURSO DIVINO POR MEIO DE UM AUTOR HUMANO

Ao buscarmos compreender melhor a ideia de inspiração bíblica, devemos olhar para duas áreas específicas. Primeiro, os FENÔMENOS apresentados nas Escrituras onde a palavra de Deus "vem" a alguém; e segundo, as CLARAS DECLARAÇÕES dadas nas Escrituras sobre como os autores foram divinamente movidos a escrever as Escrituras. Voltemos nossa atenção para isso agora.

Como se dá a inspiração e quando ela ocorre

Existem vários trechos na Bíblia onde lemos que a palavra de Deus veio a uma pessoa. Por exemplo:

Depois dessas coisas o Senhor FALOU a Abrão numa visão:
"Não tenha medo, Abrão!
Eu sou o seu escudo;
grande será a sua recompensa".

Mas Abrão perguntou: "Ó Soberano SENHOR, que me darás, se continuo sem filhos e o herdeiro do que possuo é Eliézer de Damasco?". E acrescentou: "Tu não me deste filho algum! Um servo da minha casa será o meu herdeiro!".
Então o Senhor deu-lhe a seguinte resposta: "Seu herdeiro não será esse. Um filho gerado por você mesmo será o seu herdeiro". Levando-o para fora da tenda, disse-lhe: "Olhe para o céu e conte as estrelas, se é que pode contá-las". E prosseguiu: "Assim será a sua descendência" (Gênesis 15:1-5).

As palavras de Jeremias, filho de Hilquias, um dos sacerdotes de Anatote, no território de Benjamim. A PALAVRA DO Senhor veio a ele no décimo terceiro ano do reinado de Josias, filho de Amom, rei de Judá, e durante o reinado de Jeoaquim, filho de Josias, rei de Judá, até o quinto mês do décimo primeiro ano de Zedequias, filho de Josias, rei de Judá, quando os habitantes de Jerusalém foram levados para o exílio.

A PALAVRA DO Senhor veio a mim, dizendo:

"Antes de formá-lo no ventre eu o escolhi;
antes de você nascer, eu o separei
e o designei profeta às nações".

Mas eu disse: "Ah, Soberano Senhor! Eu não sei falar, pois ainda sou muito jovem".

O Senhor, porém, me disse: "Não diga que é muito jovem. A todos a quem eu o enviar você irá e dirá tudo o que eu lhe ordenar. Não tenha medo deles, pois eu estou com você para protegê-lo", diz o Senhor.

O Senhor estendeu a mão, tocou a minha boca e disse-me: "Agora ponho em sua boca as minhas palavras" (Jeremias 1:1-9).

Entretanto, veio esta palavra de Deus a Semaías, homem de Deus: "Diga a Roboão, filho de Salomão, rei de Judá, às tribos de Judá e Benjamim, e ao restante do povo: 'Assim diz o Senhor: Não saiam à guerra contra os seus irmãos israelitas. Voltem para casa, todos vocês, pois fui eu que fiz isso'". E eles obedeceram à palavra do Senhor e voltaram para as suas casas, conforme o Senhor tinha ordenado (1Reis 12:22-24).

Anás e Caifás exerciam o sumo sacerdócio. Foi nesse ano que veio a palavra do Senhor a João, filho de Zacarias, no deserto. Ele percorreu toda a região próxima ao Jordão, pregando um batismo de arrependimento para o perdão dos pecados (Lucas 3:2,3).

Esses e outros textos mostram uma pessoa recebendo uma "palavra" de Deus na forma de uma promessa (Abrão), uma instrução (Semaías), uma capacitação para se engajar em um ministério profético de advertência e lamento (Jeremias) e um chamado para proclamar uma mensagem divina a todos que quisessem ouvir (João Batista). Eles ouvem algo e saem com uma profunda sensação de terem encontrado o Deus vivo. Essas passagens apontam para um momento de *revelação*, uma revelação de algo anteriormente desconhecido, um acontecimento pelo qual Deus concede a uma pessoa algum tipo de conhecimento sobre seu propósito e planos, deixando um impacto profundamente pessoal sobre o destinatário: a revelação é tanto *proposicional* (transmite conhecimento) quanto *pessoal* (impacta a pessoa). Em outras palavras, eles ouvem algo e saem com um profundo sentimento de terem encontrado o Deus vivo.

Em vários lugares, o livro de Atos relata como uma pessoa estava "cheia do Espírito Santo" ou "cheia do Espírito" e então falava a palavra de Deus (veja Atos 4:8,31; 6:10; 7:55; 13:9). Além disso, no relato de Lucas sobre a pregação apostólica, há várias referências de como o Espírito Santo falou por meio de autores do Antigo Testamento como Davi, em Salmos, ou por meio de profetas como Isaías (Atos 4:25; 28:25). Isso está de acordo com o Antigo Testamento, onde frequentemente lemos que o Espírito falou "por" ou "por meio de" alguém (veja 2Samuel 23:2; Neemias 9:30; Ezequiel 11:5). Analisando esses casos em conjunto, concluímos que o Espírito Santo é o principal orador que fala a palavra de Deus por meio de pessoas escolhidas. O Espírito de Deus inspira e capacita alguém a falar uma mensagem em seu nome.

No livro de Apocalipse, João se refere à revelação que lhe foi dada como "a palavra de Deus e o testemunho de Jesus Cristo" (Apocalipse 1:2). Essa "revelação" inclui uma mistura de visões, relatos angelicais, ensinamentos do Espírito e até mesmo proferidos a ele. João exortou os leitores a ouvir "o que o Espírito diz às igrejas" (Apocalipse 2:7,11,17, 29; 3:6,13,22). Em alguns casos, o Senhor disse a João para literalmente escrever o que eles estava vendo e ouvindo: descrições de sua visão (Apocalipse 1:11,19) ou então palavras específicas dadas a ele para serem registradas (Apocalipse 2:1,8,12,18; 3:1,7,14; 14:13; 19:9; 21:5). O relato de João sobre a revelação divina inclui a recepção de visões surpreendentes, um vislumbre das realidades celestiais, metáforas sobre metáforas, sugestões misteriosas de acontecimentos futuros e palavras precisas para exortar as igrejas de sua própria época.

Quando a palavra de Deus chega a alguém, o que ocorre é um acontecimento fascinante, cativante e assustador, pois seu poder e majestade, bem como sua clareza e seriedade são avassaladores. Pode ser que tais acontecimentos venham na forma de uma visão, mas não é uma presença vaga. Pode provocar uma série de emoções, mas não consiste em sentimentos religiosos ininteligíveis. A palavra revelada de Deus pode parecer algo de outro mundo, mas é colocada em uma linguagem clara e compreensível a seu público. O discurso divino tem, ao mesmo tempo, a intimidade de uma mãe falando com uma criança e o poder de um diretor mostrando a um ator como interpretar suas falas. Deus fala uma palavra divina, que, por meio do Espírito, se torna compreensível para consumo humano, tanto pelos sábios como pelos simples.

O que as Escrituras dizem sobre si mesmas
Uma vez que a Escritura é muitas vezes qualificada como "palavra de Deus", faria sentido que muito do que observamos acerca da palavra divina recebida por um profeta também se aplicasse a como o Espírito moveu os autores bíblicos a escrever a Sagrada Escritura. A esta altura, trataremos do próprio testemunho das Escrituras sobre como ela é uma palavra santa de Deus, bem como o "mecanismo" pelo qual os autores bíblicos foram movidos a escrever sob a influência do Espírito.

O primeiro texto-chave é de Paulo, escrevendo para seu filho na fé, Timóteo:

> Toda a Escritura é inspirada por Deus e útil para o ensino, para a repreensão, para a correção e para a instrução na justiça, para que o homem de Deus seja apto e plenamente preparado para toda boa obra (2Timóteo 3:16,17).

O que é interessante nesse texto é que Paulo usa uma nova palavra — "inspirada por Deus" (*theopneustos*, em grego) — para explicar como Deus comunica uma mensagem por meio da escrita. Embora pudéssemos tratar de várias possibilidades, para ir direto ao ponto, o ponto de Paulo é que a Escritura é a palavra de Deus inspirada em autores humanos, que, por sua vez, compõem textos escritos. Isso significa que a

Escritura é um produto do trabalho criativo e comunicativo de Deus a autores humanos, o qual é tão eficaz que aquilo que os autores humanos escreveram sob influência divina é considerado de autoria divina. Por causa dessa origem dada por Deus, as Escrituras são úteis para ensinar a verdade, apontar erros, corrigir comportamentos errados e instruir nas disciplinas da piedade e da santidade.

> Os crentes recebem a Escritura como aquilo que é gerado pelo Espírito para edificá-los em Cristo, a serviço do próprio Deus.
>
> — **J. Todd Billings**, *The Word of God for the people of God* (Grand Rapids: Eerdmans, 1996), p. 92.

Então temos outra declaração notável em 2Pedro sobre como os autores foram movidos a escrever uma mensagem da parte de Deus.

> Antes de mais nada, saibam que nenhuma profecia da Escritura provém de interpretação pessoal, pois jamais a profecia teve origem na vontade humana, mas homens falaram da parte de Deus, impelidos pelo Espírito Santo (2Pedro 1:20,21).

Esta é a maneira de Pedro dizer que os profetas não inventaram coisas. A palavra profética das Escrituras não se baseia em uma interpretação vaga e indefinida dos acontecimentos. Nenhuma profecia e nenhuma Escritura se originaram na imaginação humana. Em vez disso, os profetas — e podemos acrescentar os apóstolos e evangelistas aqui — falaram da parte de Deus ao serem "impelidos pelo Espírito Santo". Ser "impelido" não significa um sentido mecânico e avassalador, mas seria algo como ser levado ao ponto de consciência e compreensão. A palavra profética, falada ou escrita, não é um produto da invenção humana, mas é atribuída ao poder do Espírito infundido na personalidade do orador ou autor.

Quando interpretamos conjuntamente os textos de 2Timóteo 3:16 e 2Pedro 1:20,2, parece que a própria Escritura afirma que os autores bíblicos foram divinamente movidos e espiritualmente dotados para receber uma palavra de Deus e escrevê-la em palavras humanas. A Escritura *não é meramente* o registro da revelação divina (embora seja isso). A Escritura *não é meramente* algo para nos iluminar a mente com insights sobre Deus e seus propósitos (embora também faça isso!). A própria Escritura *é* uma revelação, pois Deus inspirou sua palavra em autores humanos que foram levados, pela influência do Espírito Santo, a escrever uma mensagem divinamente concedida. A palavra de Deus consiste no testemunho divino da verdade que foi infundido em certos indivíduos e depois inscrito em páginas. É disso que estamos falando quando tratamos da inspiração bíblica.

COMO DEUS MOVE UM AUTOR A ESCREVER AS ESCRITURAS

Até agora vimos que as Escrituras são "inspiradas por Deus" e que os autores bíblicos foram "impelidos pelo Espírito Santo". Isso é ótimo, mas o que isso significa exatamente? O que acontece quando a inspiração e o impelir diminuem? O que a inspiração realmente faz com a mente e as mãos dos profetas, historiadores, sábios, poetas, editores e apóstolos que escreveram a Bíblia? Bem, existem várias possibilidades a serem consideradas.

A inspiração como habilidade artística

Para começar, algumas pessoas acreditam que a inspiração bíblica é como a inspiração artística. Sentimentos de fervor religioso, meditação em Deus ou o maravilhar-se com a criação levam uma pessoa a verbalizar sua experiência do que Deus está dizendo a ela. Isso faz de Deus mais uma musa do que um comunicador. Deus inspira as pessoas no mesmo sentido que um nascer do sol ou uma rosa inspiram um poeta. Mas é meio absurdo imaginar Moisés pensando: "Nossa, estou com raiva hoje. Talvez Deus esteja nos dizendo para matar todos os cananeus", e depois escrever instruções sobre a conquista de Canaã (Deuteronômio 20:17). Ou Mateus dizendo: "Sinto-me realmente abençoado hoje. Acho que Jesus realmente gostaria de abençoar muitas pessoas", e depois escrever as bem-aventuranças (Mateus 5:1-12). Ou Isaías refletindo sobre o desespero de Israel definhando na Babilônia e sentindo-se compelido pela ideia da misericórdia de Deus a imaginar um dia em que Deus resgataria os exilados da Babilônia e os restituiria à Judeia (Isaías 40—55). A inspiração divina não deve ser equiparada a sentimentos religiosos atribuídos a Deus ou a sensações de criatividade que fazem de Deus apenas o estímulo da imaginação.

Inspiração como endosso divino

Outros concebem a inspiração como a validação de Deus de um texto escrito. Ou seja, Oseias e Tiago teriam escrito suas respectivas obras baseando-se na sua própria capacidade e interpretação, e então Deus simplesmente colocou seu selo celestial de aprovação no que eles escreveram. Como se Deus dissesse: "Eu sou Deus e aprovo esta mensagem". Mas a inspiração não é meramente o endosso divino de um texto religioso. Antes, Deus é ativo na revelação; ele não apenas afirma retrospectivamente projetos literários humanos. Tal visão da inspiração reduz Deus ao papel de um editor, ou pior ainda, de um crítico literário.

Inspiração como ditado divino

Uma explicação comum para a inspiração bíblica tem sido o ditado divino. De acordo com essa visão, Deus fala na mente de um homem como Obadias ou Lucas, que, por sua vez, escreve palavra por palavra do que ouvem. Para ser justo, as Escrituram narram algo semelhante à ideia de um ditado, quando Deus diz a alguém para escrever algo. Por exemplo, isso aconteceu quando o Senhor disse a Moisés para escrever o cântico de libertação que os israelitas cantariam como um memorial daquilo que o Senhor havia feito por eles no êxodo (Deuteronômio 31:19-22). Deus instruiu Isaías a comprometer-se em escrever uma advertência profética sobre a loucura de olhar para o Egito em busca de libertação da Assíria (Isaías 30:8). Em uma ocasião, Jeremias é instruído a escrever "num livro todas as palavras que eu lhe falei" (Jeremias 30:2; veja também 36:2,28). Por fim, João de Patmos é instruído a escrever certas palavras do Jesus exaltado em primeira pessoa para as igrejas de Éfeso, Esmirna, Pérgamo, Tiatira, Sardes, Filadélfia e Laodiceia (Apocalipse 2:1,8,12,18; 3:1,7,14; 14:13; 19:9; 21:5). No entanto, embora o ditado possa ser visto em alguns casos limitados, não parece ter sido algo regular. Eu não acredito que Deus tenha ditado a Lucas que ele tinha que dizer que "Eu mesmo investiguei tudo cuidadosamente, desde o começo", se no fim das contas ele não havia feito isso (Lucas 1:3); nem a Paulo, quando este, no meio de uma frase, repreendendo os coríntios, parece ter esquecido sua participação nos batismos de alguns dos membros daquela igreja (1Coríntios 1:14-16). Parece-me que Lucas acreditava que estava escrevendo sobre algo que havia sido cuidadosamente investigado, ponderado e elaborado em uma elegante narrativa histórica sobre Jesus e a igreja primitiva, não apenas escrevendo o que Deus descarregou sobrenaturalmente em seu cérebro, palavra por palavra. Em 1Coríntios, Paulo genuinamente esqueceu quem ele havia batizado e depois voltou atrás no meio da frase — é difícil imaginar Deus ditando isso para ele. Além disso, se Deus de fato ditou todas as palavras, então por que os livros bíblicos têm tantos estilos diferentes, por que eles usam vocabulários diferentes e por que exibem as personalidades de seus autores de forma tão aguda? A teoria do ditado remove o elemento humano das Escrituras ao negar que as personas dos autores brilham através dos textos. E, correndo o risco de soar irreverente, se Deus ditou o grego do Livro de Apocalipse, então, para ser honesto, Deus precisa seriamente de algumas lições de gramática corretivas visto que o grego do Apocalipse é áspero e desajeitado. Então, concedemos "meio-crédito" para algumas ocasiões, mas o ditado não servirá como a principal explicação para o que a inspiração significa, uma vez que nega a dimensão humana das Escrituras.

Inspiração como capacitação divina com palavras

O relato que mais prevalece sobre a inspiração bíblica entre os teólogos evangélicos é a "inspiração verbal plenária". Nessa visão, a inspiração pertence à obra de Deus de guiar a mente e a personalidade dos autores humanos de modo que escolhessem livremente escrever, nas próprias palavras, o significado pretendido do que Deus lhes revelou. Essa visão é melhor do que a teoria do ditado porque permite que as personalidades humanas tenham um papel na composição das Escrituras e, ao mesmo tempo, faz de Deus o autor final das palavras individuais escritas. No entanto, um problema é que isso parece uma teoria do ditado em um grau um pouco menor. Se a inspiração verbal plenária ainda se estende às palavras e à ordem das palavras das Escrituras, como isso é materialmente diferente da teoria do ditado?

A inspiração como encarnação das ideias divinas nas palavras humanas

Tem havido uma tentativa de articular a inspiração como algo semelhante à encarnação: uma união de elementos divinos e humanos. Nessa visão, a Escritura é onde a palavra de Deus assume a forma da linguagem humana, de modo que a Bíblia é totalmente divina e totalmente humana. Parece bom, mas não, não funciona! Jesus é uma encarnação de Deus, Deus em carne humana, a união das naturezas humana e divina sem confusão, mudança, mistura ou separação no homem Jesus de Nazaré. Isso claramente *não* é o que acontece durante a composição das Escrituras. Além disso, lembremos também que a encarnação é única; não é o modo normal de autocomunicação de Deus. A revelação de uma palavra divina por meio da mente de um autor humano é uma coisa, mas a revelação da Palavra de Deus como uma pessoa humana encarnada é outra bem diferente. A palavra de Deus como um livro e a

Palavra de Deus encarnada são tanto revelacionais quanto redentoras, mas não são a mesma coisa.

> Teólogos católicos e evangélicos usaram a encarnação como uma analogia para a inspiração. A encíclica papal de 1942, Divino afflante Spiritu, diz: "Pois assim como a palavra substancial de Deus se tornou semelhante aos homens em todas as coisas, 'exceto no pecado', as palavras de Deus, expressas em linguagem humana, são semelhantes à fala humana em todos os aspectos, exceto no erro", e a Declaração de Chicago sobre Hermenêutica Bíblica de 1982 declara que "afirmamos que, como Cristo é Deus e Homem em uma Pessoa, assim a Escritura é, indivisivelmente, a Palavra de Deus em linguagem humana".

Inspiração como orientação conceitual

Minha perspectiva é que a inspiração é, principalmente, Deus orientando e liderando a mente humana no nível conceitual, isto é, noções gerais, ideias amplas, os blocos de construção de palavras e frases. A inspiração é como Deus, por meio do Espírito Santo, estimula a mente humana no nível em que o cérebro formula ideias em palavras e frases, para que os autores, por meio de suas experiências, aprendizados, emoções e palavras, escrevam uma mensagem condizente com a vontade divina. Isso não quer dizer que Deus simplesmente dá a um autor a essência do que ele quer que eles digam. Como se Deus dissesse ao salmista para escrever algo poético sobre Deus como um Pastor que o levasse a escrever o salmo 23, ou como se Deus desse a Paulo algumas ideias sobre o amor que ele então transforma no hino de amor de 1Coríntios 13. Em vez disso, de acordo com essa visão, a inspiração é a direção do pensamento pessoal. Em sua extensão, a inspiração dirige os pensamentos, não as sílabas de palavras isoladas. A inspiração envolve uma espécie de conexão sobrenatural entre as ideias de Deus e sua expressão verbal na mente dos autores individuais.

Encarar a inspiração principalmente como uma direção das concepções mentais de uma pessoa significa que a palavra de Deus é traduzível. Se a inspiração se aplica às palavras originais do hebraico, aramaico e grego, isso significa que apenas essas palavras são a revelação divina. Isso inevitavelmente significaria que nossas Bíblias não são as palavras reais de Deus, mas uma mera tradução delas. Tal visão da inspiração é explicitamente ensinada no Islã, onde o Alcorão em seu árabe original, e apenas em árabe, é a palavra de Alá. Todas as traduções posteriores do Alcorão não são equiparadas à revelação divina, supostamente dada a Maomé pelo anjo Gabriel. No entanto, se considerarmos a inspiração como um ato de Deus pelo qual ele implanta ideias na mente de autores humanos, em vez de lhes dar palavras específicas, então as traduções que expressam as mesmas ideias e transmitem o mesmo conhecimento podem ser consideradas expressões genuínas da palavra de Deus. Consequentemente, localizar a inspiração em um nível conceitual e não no nível verbal significa que sua Bíblia é de fato a palavra de Deus.

O porquê e o como da inspiração

Duas outras coisas que precisamos mencionar são os PROPÓSITOS por trás da inspiração de Deus e os PROCESSOS mais amplos envolvidos na produção de livros bíblicos.

Ao inspirar sua palavra na mente humana e impelir os autores pelo Espírito, Deus está tentando nos dizer algo e realizar algo em nós pelo próprio ato de falar. Deus nos dá sua palavra inspirada não apenas para nos informar, mas para nos transformar. A palavra inspirada de Deus não se trata apenas de fatos para informar as pessoas, mas tem a intenção de impactar as pessoas. A palavra inspirada de Deus não se trata apenas de declarações em busca de aceitação, mas é um discurso que clama por arrependimento, lamento, alegria, esperança, ponderação, determinação, disciplina, compaixão, justiça e confiança. Deus não inspira os autores a escreverem curiosidades para serem arquivadas no fundo de sua mente para recuperação posterior. Deus inspira os autores bíblicos a compor uma gama diversificada de gêneros, como os relatos da criação, códigos de leis antigas, poesia hebraica, profecia, Evangelhos, epístolas e até mesmo um apocalipse, a fim de nos moldar a mente e a imaginação de acordo com uma visão de mundo centrada em Deus. A palavra inspirada de Deus alcança uma miríade de efeitos que podem ser melhor resumidos como ensinar, repreender, corrigir e treinar na justiça (2Timóteo 3:16). Teremos mais a dizer sobre o propósito das Escrituras no capítulo 6.

Além disso, embora a inspiração possa pertencer à transmissão de ideias do Espírito Santo, a produção de um texto bíblico geralmente envolve vários processos humanos que são dirigidos pela orientação do Espírito. Por exemplo, é claro que certos livros da Bíblia foram compostos e compilados ao longo de um período de tempo — como o Pentateuco, que é uma coleção de tradições e histórias jurídicas que provavelmente foram editadas por um grupo de sacerdotes logo após o exílio babilônico. Depois, há os Salmos, que são uma coleção de cinco livros com salmos individuais escritos por diferentes autores, com cada livro tendo seu temas e história literária diferenciados. Outros escritos, como Isaías, provavelmente surgiram em três fases diferentes, à medida que a profecia de Isaías foi lembrada, reinterpretada e reescrita ao longo dos períodos assírio (Isaías 1—39), babilônico (Isaías 40—55) e persa (Isaías 56—66). O Evangelho de João inclui a própria conclusão do evangelista (João 20:31), um epílogo posteriormente anexado (João 21:1-23) e uma conclusão composta pelos editores do Evangelho (João 21:24,25). Eu tendo a ser cauteloso sobre certas teorias de livros bíblicos terem sido costurados de múltiplas fontes — como é frequentemente proposto para 2Coríntios e Filipenses — mas em geral há boas razões para considerar alguns livros bíblicos como um empreendimento coletivo composto ao longo de algumas décadas por um autor inicial e editores posteriores. Uma visão elevada das Escrituras deve abranger tanto a inspiração dos autores pelo Espírito Santo quanto o trabalho do Espírito de "santificação dos processos criaturais", incluindo a orientação da coleta, edição e canonização de textos antigos, que nos deram a Escritura Sagrada.[1]

---

[1]John Webster, *Holy Scripture: a dogmatic sketch* (Cambridge: Cambridge University Press, 2003), p. 17.

DISCURSO DIVINO VERDADEIRO E CONFIÁVEL

O debate sobre a inerrância

Quando Deus fala por meio de autores humanos, ele traz sua palavra a nós, e é uma palavra verdadeira. Deus fala a verdade e não mente nem nos engana (veja Números 23:19!). Portanto, podemos esperar que a Escritura Sagrada seja verdadeira porque Deus investiu sua própria fidelidade e veracidade nela. Mas isso ainda leva a perguntas sobre exatamente como ou até que ponto as Escrituras são verdadeiras. As Escrituras são verdadeiras mesmo quando se referem a questões científicas sobre a criação do universo? Ela é totalmente exata nos detalhes históricos sobre os israelitas e a cronologia da vida de Jesus? Ou suas declarações de verdade estão restritas a questões teológicas como salvação, ética e governança da igreja? A Escritura contém quaisquer erros de dados ou de coerência? Podemos dizer que a Bíblia é verdadeira em questões de fé, mas potencialmente errada em questões de ciência, biologia e história? Isso é o que os debates sobre inerrância envolvem, e eles podem se tornar assuntos particularmente selvagens quando abordados em contextos cristãos conservadores.

DECLARAÇÕES DAS ESCRITURAS EM DIFERENTES CONFISSÕES E DECLARAÇÕES DOUTRINÁRIAS

- 39 Artigos Anglicanos, artigo 6 (1571): "autoridade" e "suficiência" das Escrituras.
- Confissão de Westminster 1.5 (1647): "verdade infalível e autoridade divina".
- Igrejas Evangélicas Armênias da Turquia (1846): "O Espírito Santo, nosso Consolador, que inspirou as sagradas escrituras do Antigo e do Novo Testamento, nossa autoridade suprema em todas as questões de fé e conduta".
- Declaração de Fé da Assembleia Mundial de Deus, artigo 2 (1916): A Bíblia é inspirada por Deus e é "a regra de fé e conduta infalível e autorizada".
- Universidades e Faculdades Christian Fellowship, artigo 3 (1928): "A Bíblia, como originariamente dada, é a inspirada e infalível Palavra de Deus. É a autoridade suprema em todas as questões de crença e comportamento".

> - Declaração de Fé da National Association of Evangelicals [Associação Nacional de Evangélicos] (1942): "Acreditamos que a Bíblia é a Palavra de Deus inspirada, a única infalível e com autoridade".
> - A Declaração de Jerusalém da Fellowship of Confessing Anglicans (2008): "Cremos que as Sagradas Escrituras do Antigo e do Novo Testamento são a Palavra de Deus escrita e contêm todas as coisas necessárias para a salvação. A Bíblia deve ser traduzida, lida, pregada, ensinada e obedecida em seu sentido claro e canônico, respeitando a leitura histórica e consensual da igreja".

Guerras pela inerrância no evangelicalismo

Na história do evangelicalismo americano, especialmente nos últimos cem anos, a inerrância tem sido a questão determinante dentro do campo evangélico e levou a todos os tipos de debates, rupturas denominacionais e divisões institucionais. Aliás, não é um exagero dizer que a "inerrância" tem um lugar, uma prioridade e uma demanda por precisão nas igrejas americanas que simplesmente está ausente no resto do mundo. Não me interpretem mal, as igrejas evangélicas globais acreditam seriamente na inspiração e infalibilidade da Bíblia, mas não com o ardor ou a agressividade com que vem sendo advogado desde a década de 1970 na "batalha pela Bíblia" do evangelicalismo americano.

Deixe-me compartilhar uma história que ilustra a ferocidade das lutas internas evangélicas americanas sobre a inerrância e como isso levou alguns conservadores evangélicos a se tornarem canibais uns contra os outros. Eu tenho um amigo chamado dr. Michael Licona, e ele é um brilhante apologista cristão que defendeu o cristianismo contra críticas de ateus e muçulmanos. Ele é um grande orador e escritor. Escreveu um livro muito bom sobre a historicidade da ressurreição.[2] Nesse livro, ele teve de lidar com uma passagem muito complicada no Evangelho de Mateus:

---

[2] Michael R. Licona, *The resurrection of Jesus: a new historiographical approach* (Downers Grove: InterVarsity Press, 2011).

Naquele momento, o véu do santuário rasgou-se em duas partes, de alto a baixo. A terra tremeu, e as rochas se partiram. Os sepulcros se abriram, e os corpos de muitos santos que tinham morrido foram ressuscitados. E, saindo dos sepulcros, depois da ressurreição de Jesus, entraram na cidade santa e apareceram a muitos (Mateus 27:51-53).

Agora, esse texto é estranho porque você tem pessoas, antigos santos israelitas, aparentemente sendo ressuscitados, não apenas *antes* da ressurreição geral dos mortos no final da história (veja Daniel 12:1,2; João 5:29; 11:24; Atos 23:6,8; 24:15,21), mas mesmo *antes* da própria ressurreição de Jesus, o que é muito estranho porque a ressurreição de Jesus deveria ser as "primícias" da ressurreição futura (veja 1Coríntios 15:20-23). Além disso, Mateus nos diz que esses santos foram ressuscitados quando Jesus morreu, mas que não saíram de seus respectivos túmulos até depois da ressurreição de Jesus, o que é uma espécie de intervalo estranho. Além disso, se isso de fato aconteceu literalmente, seria de imaginar que, talvez, um historiador judeu como Josefo ou um historiador romano como Tácito mencionariam esse acontecimento incrível de antigos homens e mulheres israelitas voltando à vida em Jerusalém, mesmo que apenas temporariamente. D. A. Carson rotula apropriadamente esse episódio como "extraordinariamente difícil".[3] Então o que está acontecendo aqui?

Bem, Licona comenta que esse é realmente um "pequeno texto estranho" e ele observa, como foi dito em fontes antigas, que muitos fenômenos estranhos como terremotos e presságios cósmicos acompanham a morte de grandes líderes. Licona supõe:

> Parece-me que uma compreensão da linguagem em Mateus 27:52-53 como "efeitos especiais", com textos e pensamentos judaicos escatológicos em mente, é mais plausível. Há mais

---

[3]D. A. Carson, "Matthew", in: T. Longman; D. E. Garland, *The expositor's Bible commentary: Matthew and Mark*, ed. rev. (Grand Rapids: Zondervan, 2010), p. 650.

suporte para essa interpretação. Como se já não fosse estranho o suficiente os túmulos terem sido abertos e os santos terem ressuscitado após a morte de Jesus, Mateus acrescenta que eles não saíram de seus túmulos até *depois* da ressurreição de Jesus. O que eles estavam fazendo entre a tarde de sexta-feira e o início da manhã de domingo? Eles estavam parados esperando nas portas agora abertas de seus túmulos?

Licona então considera "esse texto difícil no Evangelho de Mateus como um dispositivo poético agregado que tem como objetivo comunicar que o Filho de Deus havia morrido e que o julgamento iminente aguardava Israel".[4] Eu concordo com sua interpretação; aliás, em uma publicação anterior, escrevi: "Meu entendimento desse texto é que ele não é histórico e mistura o presente e o futuro, de modo que Mateus fornece uma participação especial da futura ressurreição no momento da morte de Jesus para destacar seu poder vivificante".[5] Mesmo que você discorde de tal linha de interpretação, espero que aprecie que Licona e eu estamos tentando chegar a uma exegese defensável e sensata desse texto difícl de Mateus.

No entanto, nem todos foram cordiais ao discordar, e Licona se viu acusado de negar a doutrina da inerrância bíblica. A "lógica" de seus críticos era que se você não acredita em uma ressurreição literal em Mateus 27:52, então obviamente corre o risco de negar que Jesus foi literalmente ressuscitado em Mateus 28. Consequentemente, Licona foi denunciado em vários sites, teve vários compromissos de palestras cancelados, foi desvinculado de lecionar em várias faculdades e foi tratado como se tivesse escrito um livro chamado *Why I like to worship Satan and torture cute puppies* [Por que gosto de adorar Satanás e torturar filhotes fofos]. Acho que a visão de Licona é inteiramente plausível e está

---

[4]Licona, *Resurrection of Jesus*, p. 548, 552-3.
[5]Michael F. Bird; James G. Crossley, *How did Christianity begin? A believer and non-believer examine the evidence* (London: SPCK, 2008), p. 69, nota 60.

em união com a ortodoxia cristã histórica, e mesmo que não concordemos com ele nesse caso em particular, não havia necessidade de tratá-lo como a mãe de todos os hereges.

Em vez de oferecer uma defesa acalorada de Licona dentro do evangelicalismo americano, acho que todo o trágico episódio merece alguns comentários sobre o lugar da inerrância dentro do evangelicalismo americano (com relevância para outros países que têm enclaves ou satélites da cultura evangélica conservadora americana):

1. Para muitos evangélicos americanos, a inerrância é como seu passaporte e visto de residência dentro da tribo evangélica; sem ele você pode esperar ser deportado.
2. Embora a inerrância possa ser definida de várias maneiras[6] — e, particularmente, eu possa afirmar uma versão diferenciada de inerrância[7] —, dentro do evangelicalismo conservador americano, as credenciais de boa-fé e a retidão doutrinária são determinadas por ter a versão mais estrita e rigorosa da inerrância. Parece haver entre alguns líderes evangélicos uma rivalidade contínua de: "sou mais inerrantista do que você e posso provar isso pelo número de pessoas que denuncio".
3. Algumas pessoas pregam sobre a inerrância das Escrituras, mas o que elas realmente querem dizer é a inerrância de sua interpretação das Escrituras. Em outras palavras, a batalha pela Bíblia nem sempre é sobre a Bíblia, mas sobre o domínio de tipos específicos de cultura religiosa e a hegemonia de personalidades-chave dentro de certas instituições.

---

[6]Veja David S. Dockery, The doctrine of the Bible (Nashville: Convention, 1991), p. 86-8; James Merrick; Stephen M. Garrett, orgs., *Five views on biblical inerrancy* (Grand Rapids: Zondervan, 2013).

[7]Veja Michael F. Bird, "Inerrancy is not necessary for Evangelicalism outside the USA", in: James Merrick; Stephen M. Garrett, *Five views on biblical inerrancy* (Grand Rapids: Zondervan, 2013), p. 145-73; idem, *Evangelical theology: a biblical and systematic introduction* (Grand Rapids: Zondervan, 2013), p. 642-6.

4. Sobre o tema da inerrância, os evangélicos americanos podem ser ferozmente tribais e assustadoramente canibais uns com os outros.

Acho que toda a fixação evangélica americana na inerrância e sua amarga luta interna tão estranha porque fora da subcultura evangélica americana, entre as igrejas globais, ninguém trata a inerrância como *a* questão primordial que separa os mocinhos dos bandidos. Nas partes do mundo evangélico em que vivi e tive contato, a Bíblia é valorizada, sua verdade é afirmada e sua autoridade é preservada por crentes da Albânia ao Zimbábue. No entanto, em contraste com os evangélicos conservadores da América do Norte, uma definição complicada e estrita de inerrância nunca foi a característica central e marcante das igrejas evangélicas globais. Para ser honesto, se sua igreja está sendo caçada por comunistas ou pelo califado, você não pode se dar ao luxo de dividir denominações sobre definições minuciosas de inerrância. O contexto fornece clareza sobre o que mais importa na fé, adoração, ministério, vida e morte.

Pensando sabiamente sobre a inerrância bíblica

Quando se trata de desenvolver uma abordagem para definir como a Bíblia é verdadeira, se começarmos com o testemunho da própria Escritura sobre si mesma, veremos que a palavra de Deus é verdadeira em tudo o que afirma. Nos salmos, lemos coisas como "As palavras do Senhor são puras, são como prata purificada num forno, sete vezes refinada" (Salmos 12:6); "A lei do Senhor é perfeita, e revigora a alma. Os testemunhos do Senhor são dignos de confiança" (19:7); e "a palavra do Senhor é verdadeira; ele é fiel em tudo o que faz." (Salmos 33:4). De acordo com João, o próprio Jesus disse: "A Escritura não pode ser anulada" (João 10:35, ESV), significando que a Escritura não pode provar ser incoerente consigo mesma. João de Patmos enfatizou constantemente que as palavras de sua profecia são "verdadeiras e dignas de confiança" (Apocalipse 21:5; 22:6) porque vêm de Jesus, que é ele mesmo fiel, santo, justo e verdadeiro (Apocalipse 3:7,14; 15:3). O testemunho da Palavra de Deus sobre ela mesma é que a Escritura é um relato autêntico e preciso de tudo o que declara ter acontecido ou o que acontecerá.

Para ser honesto, aqui devemos esclarecer as coisas com muito cuidado ou corremos o risco de fazer afirmações indefensáveis sobre as Escrituras. É importante enfatizar que a revelação de Deus nas Escrituras é *adaptada* à visão de mundo e expectativas de seu público original em questões de como o mundo físico funciona, a compreensão da história, noções de gêneros literários e padrões de dizer a verdade. Assim, a adaptação nunca é uma submissão a um simples erro. Deus não fala erroneamente, nem nos alimenta com conteúdos da verdade embrulhados em falsidade. Assim, por exemplo, acho que o Evangelho de Lucas e Atos dos Apóstolos é um relato confiável de dois volumes sobre Jesus e a igreja primitiva, escrito de acordo com os padrões de exatidão histórica que o autor e os leitores conheciam. Lucas-Atos, como os estudiosos costumam se referir a esses livros, é historicamente verdadeiro dentro dos limites do que seria esperado de uma narrativa presumivelmente histórica com objetivos teológicos claros e toque retórico para aprimorar o relato. Em um mundo sem notas de rodapé, aspas ou bibliografias, e que permitia algum grau de licença artística na narração da história, podemos ter certeza de que Lucas é um historiador de primeira linha.

Os teólogos cristãos normalmente afirmam que as Escrituras são inspiradas, confiáveis e verdadeiras. A Aliança de Lausanne (1974) declara uma crença compartilhada por evangélicos ao redor do mundo: "Afirmamos a inspiração divina, a veracidade e a confiabilidade das Escrituras do Antigo e do Novo Testamento em sua totalidade como a única palavra escrita por Deus, sem erro em tudo o que afirma, e a única regra infalível de fé e prática".[8] Da mesma forma, de acordo com a

---

[8] Pacto de Lausanne, §2.

Declaração de Chicago sobre Inerrância Bíblica (1979), "A Escritura, tendo sido dada por inspiração divina, é infalível, de modo que, longe de nos enganar, é verdadeira e confiável em todos os assuntos que aborda... A Escritura em sua totalidade é inerrante, estando livre de toda falsidade, fraude ou engano".[9] Tais declarações por si só são boas; o desafio é como aplicá-las a problemas particulares de história, ciência e literatura que a Bíblia às vezes nos apresenta. Assim, embora você possa encontrar declarações de fé abrangentes que consideram as Escrituras como "infalíveis" (não pode errar) ou "inerrantes" (não erra), — e tudo isso é muito bom —, no entanto, essas declarações e suas afirmações sobre as Escrituras podem ser problemáticas se elas não o ajudarem suficientemente a abordar de forma convincente as questões levantadas pela leitura das Escrituras.

Essas perguntas podem incluir coisas como "Por que o Pentateuco é atribuído a Moisés quando mostra sinais de ter sido compilado muito depois de Moisés?" ou "Como combinamos os entendimentos modernos das origens do universo com Gênesis 1?", ou "O livro de Jonas é uma história real ou um tipo de parábola ampliada?". Meu ponto é que *se* sua doutrina da inerrância significa que você não pode explicar por que os evangelistas não concordam com os detalhes da entrada de Jesus em Jericó, *então* seu modelo de inerrância não durará o inverno de suas próprias peculiaridades ou não sobreviverá ao verão de simples perguntas. Jesus curou *um* cego na *saída* de Jericó (Marcos 10:46) ou no caminho *para* Jericó (Lucas 18:35), ou foram *dois* cegos (Mateus 20:29,30)? Você pode abordar essas questões sem sugestões fantasiosas, como Jesus curou um cego ou dois quando voltava de Jericó? Ou podemos aceitar que os evangelistas se sentiram à vontade para corrigir os detalhes da narrativa? Ao procurar definir a maneira precisa pela qual a Escritura é verdadeira, ou não mentirosa, você corre o risco de defini--la tão estritamente que, na primeira vez que encontrar algo na Escritura

---

[9] CSBI, §11-2.

que pareça não se encaixar, você acabe tendo que escolher entre uma Bíblia verdadeira e uma Bíblia falsificada. A inerrância não deve ser colocada como uma alternativa à incredulidade. Como se alguém fosse perguntado: Você acredita *em* (a) inerrância bíblica com a autoria mosaica do Pentateuco, seis dias literais de vinte e quatro horas da Criação, a existência histórica de Jonas e Jó, que todos os salmos foram escritos por Davi, que os quatro Evangelhos foram escritos independentemente, que Paulo escreveu Hebreus, e que o Livro de Apocalipse deve ser interpretado de forma estritamente literal; *ou* em (b) um conjunto de ateus, marxistas, liberais, secularizados, odiadores de Cristo, blasfemos sacrílegos da santa palavra de Deus? Confie em mim, existe uma opção (c), a qual estou tentando apresentar a você. Assim, por mais bem intencionados que alguns sejam ao tentar fortalecer sua própria doutrina das Escrituras com afirmações francas de sua autenticidade e em como ela é verdadeira, eles podem inadvertidamente destruir a confiança de outras pessoas na Bíblia e até mesmo naufragar sua fé.

Uma doutrina saudável das Escrituras, com uma definição convincente e cuidadosa da inerrância, não deve negar ambiguidades aparentes nem silenciar as perguntas incômodas de ninguém. Existem até mesmo tipos de erros que se pode aceitar se você entender a adaptação divina às visões de mundo antigas e como os gêneros literários antigos funcionam (como os evangelistas ajustando a história de Jesus curando um cego em Jericó). Admitir tal fato de forma alguma mina a veracidade e a autoridade das Escrituras. A inerrância pode ser mantida desde que tenha certas qualificações, nuances e explicações densas. Nessas explicações, afirmamos o fenômeno, os elementos divinos e humanos das Escrituras, a natureza progressiva da revelação onde o novo substitui o antigo e a adaptação de Deus às antigas cosmovisões nas Escrituras. Em outras palavras, você não pode explicar a inerrância ou infalibilidade usando explicações concisas, como respostas a um teste de múltipla escolha. Em vez disso, você precisa de um ensaio sobre Deus como um Deus revelador, o significado da inspiração e muito mais para explicar adequadamente o que está e o que não está sendo alegado. Alguns podem reclamar que isso significa que a inerrância ou infalibilidade morre a morte de mil qualificações. Bem, talvez, mas acredite em mim, qualquer termo complexo, seja "democracia" ou "encarnação", vai precisar de camadas de explicação para que o conceito seja devidamente entendido e não derrubado como um argumento frágil. Algumas ideias na teologia e na religião são irredutivelmente complexas. Qualquer coisa relacionada às alegações da verdade e a Bíblia está fadada a ser assim. Então, quando se trata de explicar a infalibilidade e a inerrância, se você me perguntar, livros maiores são realmente melhores.

A cura do cego em Jericó por Jesus

MATEUS 20:29-34	Ao saírem de Jericó, uma grande multidão seguiu a Jesus. Dois cegos estavam sentados à beira do caminho e, quando ouviram falar que Jesus estava passando, puseram-se a gritar: "Senhor, Filho de Davi, tem misericórdia de nós!". A multidão os repreendeu para que ficassem quietos, mas eles gritavam ainda mais: "Senhor, Filho de Davi, tem misericórdia de nós!". Jesus, parando, chamou-os e perguntou-lhes: "O que vocês querem que eu lhes faça?". Responderam eles: "Senhor, queremos que se abram os nossos olhos". Jesus teve compaixão deles e tocou nos olhos deles. Imediatamente eles recuperaram a visão e o seguiram.
MARCOS 10:46-52	Então chegaram a Jericó. Quando Jesus e seus discípulos, juntamente com uma grande multidão, estavam saindo da cidade, o filho de Timeu, Bartimeu, que era cego, estava sentado à beira do caminho pedindo esmolas. Quando ouviu que era Jesus de Nazaré, começou a gritar: "Jesus, Filho de Davi, tem misericórdia de mim!". Muitos o repreendiam para que ficasse quieto, mas ele gritava ainda mais: "Filho de Davi, tem misericórdia de mim!". Jesus parou e disse: "Chamem-no". E chamaram o cego: "Ânimo! Levante-se! Ele o está chamando". Lançando sua capa para o lado, de um salto, pôs-se de pé e dirigiu-se a Jesus. "O que você quer que eu lhe faça?", perguntou-lhe Jesus. O cego respondeu: "Mestre, eu quero ver!". "Vá", disse Jesus, "a sua fé o curou". Imediatamente ele recuperou a visão e seguia a Jesus pelo caminho.

> LUCAS 18:35-43
>
> Ao aproximar-se Jesus de Jericó, um homem cego estava sentado à beira do caminho, pedindo esmola. Quando ouviu a multidão passando, ele perguntou o que estava acontecendo. Disseram-lhe: "Jesus de Nazaré está passando". Então ele se pôs a gritar: "Jesus, filho de Davi, tem misericórdia de mim!". Os que iam adiante o repreendiam para que ficasse quieto, mas ele gritava ainda mais: "Filho de Davi, tem misericórdia de mim!". Jesus parou e ordenou que o homem lhe fosse trazido. Quando ele chegou perto, Jesus perguntou-lhe: "O que você quer que eu lhe faça?". "Senhor, eu quero ver", respondeu ele. Jesus lhe disse: "Recupere a visão! A sua fé o curou". Imediatamente ele recuperou a visão; e seguia a Jesus glorificando a Deus. Quando todo o povo viu isso, deu louvores a Deus.

O que faz da Bíblia um livro verdadeiro?

Qual é a base para a crença na Bíblia como inspirada, infalível e inerrante? Bem, "a própria Bíblia diz isso" é um desses argumentos, mas essa é uma maneira notavelmente circular de colocar as coisas e não vai satisfazer muitas pessoas. Por outro lado, pode-se tentar provar a historicidade da Bíblia desde a época dos patriarcas até o ministério dos apóstolos, mas isso em si não é uma estratégia infalível, e pode levantar mais perguntas do que respostas.

Na minha opinião, em última análise, se a Escritura é a própria palavra de Deus, então sua veracidade é salvaguardada, não por nossos esforços por harmonizar qualquer incongruência aparente ou mesmo em nossos argumentos sofisticados para provar a ausência de erro. Em vez disso, a veracidade das Escrituras é simplesmente o resultado da fidelidade de Deus.[10] Ou seja, a veracidade das Escrituras é fundamentada na fidelidade de Deus à sua própria palavra. Assim, isso é precisamente o que encontramos repetido no salmo 119 e em Apocalipse 21 e 22: a palavra de Deus é verdadeira porque reflete a veracidade do próprio Deus.

O que torna a Escritura atraente para nós é o testemunho do Espírito Santo. Como diz a Confissão de Westminster: "Nossa plena persuasão e

---

[10] Carl Trueman; Paul Helm, orgs., *The trustworthiness of God: perspectives on the nature of Scripture* (Grand Rapids: Eerdmans, 2002).

certeza da verdade infalível e da autoridade divina dela provém da obra interior do Espírito Santo, dando testemunho pela e com a Palavra em nosso coração".[11] Isso deriva das próprias palavras de Jesus de que o Espírito Santo "os guiará a toda a verdade" (João 16:13). A Escritura é autenticada por meio do testemunho do Espírito de Deus que nos diz que a palavra de Deus pode ser confiável. A Bíblia é a palavra de Deus não porque temos "evidências que exigem um veredito", nem por causa de qualquer concílio da igreja que disse isso, mas por causa do testemunho do Espírito Santo ao nosso espírito de que estamos lendo as palavras verdadeiras de um Deus verdadeiro na Sagrada Escritura. Todas as outras evidências, da apologética ou da teologia histórica, são secundárias à obra do Espírito Santo na autoria e autenticação das Escrituras.

LEITURA RECOMENDADA

Inspiração

MARSHALL, I. Howard. *Biblical inspiration* (Milton Keynes: Paternoster, 2005).

McGOWAN, Andrew. *The divine authenticity of Scripture: retrieving evangelical heritage* (Downers Grove: InterVarsity, 2008).

WARD, Timothy. *Words of life: Scripture as the living and active Word of God* (Downers Grove: InterVarsity, 2014).

_____.*Teologia da revelação: as Escrituras como palavras de vida* (São Paulo: Vida Nova, 2017).

Inerrância

CARSON, D. A., org. *The enduring authority of the Christian Scriptures* (Grand Rapids: Eerdmans, 2016).

GARRETT, Stephen M.; MERRICK, James, orgs. *Five views of biblical inerrancy* (Grand Rapids: Zondervan, 2013).

---

[11] WCF §1.5.

CAPÍTULO 3

A ESCRITURA É NORMATIVA, NÃO NEGOCIÁVEL

Depois de ter examinado as ideias acerca da inspiração e a veracidade bíblicas no capítulo anterior, estamos agora prontos para examinar o tópico da autoridade bíblica. De certa forma, esse não é um tópico separado porque a autoridade da Bíblia está indelevelmente ligada à crença de que ela é dada por Deus e completamente confiável. A Bíblia é uma palavra de Deus e é verdadeira e, portanto, contém o peso da autoridade divina. Mas — e é aqui que o debate começa — quão precisamente a Bíblia é uma autoridade e como você vive sob tal autoridade? A Bíblia é igualmente autoritativa e, portanto, prescritiva em todas as suas partes? Como separamos a autoridade de Deus, a autoridade bíblica e a autoridade do intérprete? Como veremos, a noção de autoridade bíblica pode ser controversa tanto na teoria quanto na prática.

O SIGNIFICADO DA AUTORIDADE BÍBLICA

A linha divisória entre o cristianismo tradicional, histórico e ortodoxo e o cristianismo liberal e progressista não é ser pró ou anti-inerrância. A verdadeira questão é se a Bíblia é, em algum ponto, prescritiva para a fé cristã. Para muitos cristãos liberais e igrejas progressistas, a Bíblia não é NORMATIVA de forma alguma; em vez disso, é NEGOCIÁVEL em todos os aspectos. Na maioria das *mainline churches*, a Bíblia não é definitiva para a vida religiosa das igrejas; tudo o que a Bíblia ensina está sujeito a debate, compromisso e negociação. Na mente de muitos cristãos tradicionais, tratar a Bíblia como autoritativa a transformaria em um "papa de papel" ou exigiria a adesão a um movimento fundamentalista — ambos trariam repulsa. Em alguns casos, entendo qual o medo ou repulsa por parte dos cristãos tradicionais, mas é difícil considerar essa atitude como algo além de uma negação "nua e crua" da autoridade divina operando por meio das Escrituras. Em muitas igrejas hoje, e de acordo com muitos teólogos contemporâneos, a Bíblia, na melhor das hipóteses, fornece algumas boas frases de efeito para alguns projetos sociopolíticos em andamento.

Eu não estou inventando isso! Permita-me provar para você apontando para um tweet do Union Seminary. O Union é um seminário na cidade de Nova York que representa o segmento histórico da igreja e cuja conta no Twitter tinha algumas ideias bastante provocativas sobre o papel da Bíblia no cristianismo. De acordo com o Union Seminary: "Embora divinamente inspirada, negamos que a Bíblia seja inerrante ou infalível. Foi escrita por homens ao longo dos séculos e, portanto, reflete tanto a verdade de Deus quanto o pecado e o preconceito humano.

· ·

> A autoridade das Escrituras é uma questão-chave para a igreja Cristã nesta e em todas as épocas. Aqueles que professam fé em Jesus Cristo como Senhor e Salvador são chamados a mostrar a realidade de seu discipulado obedecendo humilde e fielmente à Palavra escrita de Deus. Afastar-se das Escrituras em fé ou conduta é deslealdade ao nosso Mestre. O reconhecimento da total verdade e confiabilidade da Sagrada Escritura é essencial para uma plena compreensão e adequada confissão de sua autoridade.
>
> — *Declaração de Chicago sobre inerrância bíblica*, prefácio

· ·

Afirmamos que o conhecimento bíblico e a teoria crítica nos ajudam a discernir quais mensagens são de Deus".[1] Para aqueles que não conhecem a linguagem progressista, deixe-me traduzir isso para você:

---

[1] @UnionSeminary, Sept. 6, 2018, disponível em: twitter.com/unionseminary/status/1037346517936472070?lang=en.

A Bíblia tem algumas partes que genuinamente vêm de Deus e outras partes que representam o preconceito e o fanatismo humano. Graças à invenção da "teoria crítica", uma abordagem literária pós-moderna que ensina que todas as reivindicações de verdade são, na realidade, reivindicações de poder, e que todos podem ser divididos em "opressores" ou "oprimidos", podemos identificar os trechos divinos da Bíblia e os trechos opressivos que são produtos do mal capitalista, patriarcal, heteronormativo, racista, sionista e da direita alternativa. Ninguém mais na história da igreja foi capaz de fazer isso antes de nós, porque as igrejas de eras anteriores estavam cheias de homens brancos cisgêneros insidiosamente maus; então nós realmente somos aqueles que a igreja estava esperando, pois só nós temos a perspectiva progressista privilegiada para mostrar a todos quais trechos da Bíblia realmente vêm de Deus.

Curiosamente, os trechos da Bíblia que vêm de Deus se conformam com visões politicamente progressistas sobre política climática, imigração, socialismo, mudança de gênero, saúde, aborto, liberdade religiosa, educação, visões geopolíticas da UE e da ONU e despesas militares — que coincidência incrível!

Infelizmente, não há nada de novo debaixo do sol (Eclesiastes 1:9). O arqui-herege do século 2, Marcião, despojou a Bíblia de qualquer coisa judaica, Thomas Jefferson cortou todos os milagres, e agora o Union Seminary consigna todos os trechos não progressistas ao lixo do "pecado e preconceito humano". Como você talvez seja capaz de perceber agora, aqueles de nós que vivem fora da cobertura do evangelicalismo americano realmente não podem se incomodar com os debates tribais de "eu sou mais inerrantista do que você" quando acreditamos que a ameaça real são igrejas e líderes que vêem a Bíblia como algum tipo de cadáver religioso que precisa ter seus órgãos progressivos removidos cirurgicamente de seu corpo. Não estou nem um pouco preocupado que alguém prefira a inerrância "suave" à inerrância "dura". Estou mais ansioso sobre minha igreja e alunos serem atraídos por uma visão das Escrituras que implica em Deus falar apenas nos trechos das Escrituras que concordam com uma ideologia política específica, seja a política identitária da esquerda radical ou a mistura sincretista de nacionalismo e religião civil da direita religiosa. Não quero que meus alunos e amigos da igreja acabem tratando a Bíblia como um texto espiritual antiquado que pode ser usado conforme necessário para fornecer capital religioso a quaisquer projetos sociais e políticos que eles apoiem.

Um dos maiores desafios para a igreja hoje não é a degradação da inerrância entre os cristãos millenials; mas se a Bíblia é, em algum sentido, autoritativa. A única coisa que o tweet do Union Seminary levanta corretamente é a questão de saber se a Bíblia é verdadeiramente autoritativa para crença, vida da igreja e ética, ou se sua visão para a vida de fé é negociável. Eu diria que tratar a Bíblia como a palavra de Deus, uma palavra que é autoritativa, normativa e que deve ser obedecida, é a *visão evangélica*. Nós, cristãos evangélicos, devemos manter essa ideia de autoridade bíblica como a pedra angular para uma doutrina saudável das Escrituras, em vez de investir todo nosso esforço teológico em uma definição pedante de como a Bíblia não é falsa. Como John Stott escreveu: "A marca registrada do evangelicalismo autêntico não é a subscrição, mas a submissão. Isto é, não é se subscrevemos uma fórmula impecável sobre a Bíblia, mas se vivemos em submissão prática ao que a Bíblia ensina, incluindo uma resolução antecipada de nos submeter a tudo o que mais tarde possa ser demonstrado que ela nos ensina".[2] Amém para isso!

O que quero fazer a seguir é mostrar por que considerar a Bíblia como autoridade é desafiador e complicado, e mostrar como uma visão diferenciada de autoridade ainda pode ser mantida.

---

[2]John Stott, *Evangelical truth: a personal plea for unity, integrity, and faithfulness* (Downers Grove: InterVarsity Press, 1999), p. 73-4 [edição em português: *A verdade do evangelho: um apelo à unidade*, 2. ed. (São Paulo: ABU, 2005)].

O DESAFIO DA AUTORIDADE BÍBLICA PARA O SÉCULO 21

Por que a autoridade bíblica não é simples

Já faz um tempo desde que eu vi um, mas realmente existem pessoas com adesivos em seus carros que dizem: "A Bíblia diz isso, eu acredito nisso, isso basta!". Para muitos cristãos, a Bíblia é simplesmente a palavra de Deus; a palavra de Deus nos dá exemplos a seguir ou ordens a obedecer, então toda a Bíblia é *prescritiva* e *imbuída de autoridade*. Devemos obedecê-la, viver de acordo com ela, seguir seus ensinamentos e estar em sintonia com ela. Parece simples, mas, infelizmente, existem vários problemas com essa visão. Considere os seguintes textos bíblicos.

> Um dos desafios de usar a Bíblia para a ética é determinar quando um valor é culturalmente localizado e quando é duradouro.
>
> — **Karen R. Keen**, Scripture, ethics, and the possibility of same-sex relationships (Grand Rapids: Eerdmans, 2018), p. xx

A maioria das pessoas que conheço estão horrorizadas com o que o grupo jihadista ISIS tem feito, a saber, levar mulheres cristãs e iazidis capturadas como escravas sexuais. Mas você sabe que o Antigo Testamento prescreve uma prática semelhante quando se trata de conquistar uma cidade ou território? Se um homem israelita leva uma mulher estrangeira cativa após um ciclo de guerra intertribal, há um período gracioso para ela lamentar a desolação de sua casa e o massacre de sua família, mas depois disso, ela é uma presa fácil para tornar-se um tipo de "esposa".

> Quando vocês guerrearem contra os seus inimigos e o Senhor, o seu Deus, os entregar em suas mãos e vocês fizerem prisioneiros, um de vocês poderá ver entre eles uma mulher muito bonita, agradar-se dela e tomá-la como esposa.

Leve-a para casa; ela rapará a cabeça, cortará as unhas e se desfará das roupas que estava usando quando foi capturada. Ficará em casa e pranteará seu pai e sua mãe um mês inteiro. Depois você poderá chegar-se a ela e ser o seu marido, e ela será sua mulher. Se você já não se agradar dela, deixe-a ir para onde quiser, mas não poderá vendê-la nem tratá-la como escrava, pois você a desonrou (Deuteronômio 21:10-14).

Ou você pode imaginar uma vítima de estupro sendo forçada a se casar com seu estuprador? No entanto, isso é explicitamente ordenado na Sagrada Escritura:

> Se um homem se encontrar com uma moça sem compromisso de casamento e a violentar, e eles forem descobertos, ele pagará ao pai da moça cinquenta peças de prata. Terá que casar-se com a moça, pois a violentou. Jamais poderá divorciar-se dela (Deuteronômio 22:28,29).

Também podemos identificar alguns mandamentos realmente estranhos como "Não usem roupas de lã e de linho misturados no mesmo tecido" (Deuteronômio 22:11), "Não cozinhem o cabrito no leite da própria mãe" (Êxodo 23:19), e "Não cortem o cabelo dos lados da cabeça, nem aparem as pontas da barba" (Levítico 19:27). Ninguém, exceto um judeu ortodoxo talvez, pensaria em obedecer a esses mandamentos hoje. A maioria dos cristãos que conheço usam roupas mescladas e comem cheeseburgers ou caril de cabra cozido com creme, e a maioria dos homens que conheço tendem a cortar o cabelo curto na parte de trás da cabeça e nas laterais! Mais estranho ainda, se um homem suspeita que sua esposa está em adultério, mas não pode provar, a Bíblia ordena que ele leve sua esposa para ver o sacerdote para um teste. O sacerdote varria um pouco o pó do chão do tabernáculo, misturava-o com um pouco de água e obrigava a esposa a beber. Agora, se a mistura não deixasse a mulher doente, ela seria declarada inocente, mas se seu estômago ficasse inchado e dolorido, ela seria declarada culpada de adultério (Números 5:11-31).

Mesmo o Novo Testamento não está imune a alguns estranhos precedentes e estranhos mandamentos. Os apóstolos lançaram sortes para encontrar um substituto para Judas Iscariotes! Eu não recomendaria exatamente isso como forma de as igrejas decidirem entre candidatos a um cargo pastoral (Atos 1:26). Paulo pode dizer que "todo homem que ora ou profetiza com a cabeça coberta desonra a sua cabeça; e toda mulher que ora ou profetiza com a cabeça descoberta desonra a sua cabeça; pois é como se a tivesse rapada". Tal mandamento está enraizado na criação, pois "o homem não deve cobrir a cabeça, visto que ele é imagem e glória de Deus; mas a mulher é glória do homem. Pois o homem não se originou da mulher, mas a mulher do homem". Paulo até argumenta que isso é universalmente praticado em todas as igrejas que ele conhece: "Mas se alguém quiser fazer polêmica a esse respeito, nós não temos esse costume, nem as igrejas de Deus" (1Coríntios 11:4-8,16). Por fim, Pedro também ordena que os escravos obedeçam a seus senhores, mesmo os mais severos, o que na realidade significava aqueles que os espancavam, os usavam sexualmente ou vendiam seus filhos a uma casa de prostituição (1Pedro 2:18).

Coloque-se, por um momento, no lugar de um homem do século 21 que não vai à igreja. Se você lesse esse material pela primeira vez, você pensaria que a Bíblia é (a) um livro de valores familiares e (b) a vontade de Deus, que deve ser obedecida em todos os momentos? Provavelmente não! A Bíblia é um texto sagrado que ordena o genocídio, sanciona a escravidão, permite a exploração sexual de escravos e permite o patriarcado e a poligamia. Algumas pessoas também acharão arbitrário que os cristãos não obedeçam aos mandamentos levíticos sobre a abstenção de carne de porco e bacon (Levítico 11:7) e ainda pensem que a proibição levítica ao homossexualismo deva permanecer em vigor hoje (Levítico 18:22).

À luz disso, "A Bíblia diz isso, eu acredito nisso, isso basta!" está em algum lugar entre extremamente ingênuo, totalmente impraticável e positivamente horrível de imaginar.

Nesse ponto, pode-se dizer que a Bíblia é tão estranha, tão distante, tão esquisita e tão moralmente repreensível para nossas sensibilidades que não é e não pode ser imbuída de autoridade. Para deixar de obedecer às coisas na Bíblia que você acha repulsivas ou irrelevantes, existem algumas opções que você pode escolher:

1. Apenas jogue fora todo o Antigo Testamento, e então pronto, a maioria dos problemas se foi. Mas não, nós não podemos fazer isso, porque Jesus e os apóstolos afirmaram o Antigo Testamento, e ele é um componente essencial em nosso relato de Deus e da fé cristã.
2. Divida as leis do Antigo Testamento em componentes civis, cerimoniais e morais, com os aspectos civis e cerimoniais cumpridos por Cristo, e a lei moral, representada pelos Dez Mandamentos, permanecendo em pleno vigor. Ótima maneira de evitar algumas dessas coisas estranhas no Antigo Testamento! Mas também não funciona. A lei é a lei, uma unidade indissolúvel; não pode ser simplesmente dividida em categorias artificiais, com algumas partes desconsideradas ao bel-prazer. Além disso, há um número expressivo de leis morais fora dos Dez Mandamentos que são afirmadas no Novo Testamento.
3. Interprete as partes estranhas e perturbadoras da Bíblia alegoricamente ou espiritualmente. Novamente, não funciona: embora as Escrituras possam ter um sentido espiritual mais profundo, essa é uma desculpa barata que tenta evitar o problema por meio de um truque interpretativo.
4. Abandone qualquer noção de autoridade e apenas use a Bíblia conforme necessário para nossas causas favoritas, desde o fim do tráfico humano até o combate à pobreza, e talvez use-a

como uma diretriz, não um livro de regras, sobre como organizar uma comunidade religiosa. Uma opção atraente para alguns, mas não suficiente: a palavra de Deus é uma lâmpada e um guia para nossos pés, não um bufê de ideias religiosas que podemos escolher.

O que devemos fazer? É problemático considerar toda a Bíblia como autoridade *direta* e *imediatamente* aplicável. Consequentemente, se vamos manter a autoridade da Bíblia, precisamos entender suficientemente como a autoridade bíblica funciona ao lidar com os trechos mais problemáticos dela. Minha próxima tarefa é explicar como fazer isso.

POR QUE A BÍBLIA NEM SEMPRE TEM AUTORIDADE

Alguns fatores-chave nos ajudam a ajustar os trechos difíceis das Escrituras sem rejeitar a autoridade bíblica. Serei honesto: não estou prometendo que esses fatores resolvam todos os problemas históricos, morais e canônicos, mas eles nos ajudam a entender que, embora a Bíblia de fato tenha autoridade, NEM TUDO NA BÍBLIA TEM AUTORIDADE PARA NÓS. O que vou fazer é argumentar que (1) precisamos distinguir entre o que é prescritivo e descritivo; (2) muitos mandamentos bíblicos não são aplicáveis a nós; (3) a Bíblia frequentemente lida com realidades brutais e não com situações ideais; (4) todos os mandamentos bíblicos precisam ser situados à luz da natureza progressiva da revelação divina; (5) devemos reconhecer a autoridade única e final de Jesus; e (6) as doutrinas da igreja podem ser compreendidas como sujeitas a revisão à medida que a igreja busca persistentemente a sabedoria de Deus em questões de fé e prática.

Distinguindo entre o que é prescritivo e o que é descritivo

A Bíblia muitas vezes narra coisas que aconteceram e que não devem ser replicadas por nós — na verdade, às vezes fica claro que até mesmo o narrador não aprova o que aconteceu naquela determinada época! Eu realmente não recomendo entregar sua esposa para um governante local a fim de salvar sua própria pele, como Abraão fez com Sara (Gênesis 12:11-20). Jefté, o gileadita, um dos juízes de Israel, jurou estupidamente a Deus que, se Deus o ajudasse a derrotar os amonitas, quando voltasse para casa, mataria a primeira coisa que encontrasse como holocausto; infelizmente, era sua filha, e não terminou bem para ela (Juízes 11:30-40). Também não tenho certeza se devemos tentar curar pessoas com deficiência visual como Jesus fez, colocando sua saliva nos olhos de alguém, já que esse foi um acontecimento único no ministério singular de Jesus (Marcos 8:23-26). Portanto, observe isto: alguns trechos da Bíblia não são normativos e nunca foram projetados para serem repetidos.

Compreenda que muitos mandamentos da Bíblia não são diretamente relevantes para nós

Alguns trechos da Bíblia tratavam de um problema específico e, portanto, não se aplicam diretamente à nossa situação. Se você ler Atos 15, notará que o decreto apostólico do Concílio de Jerusalém dá aos crentes gentios a seguinte instrução: "Que se abstenham de comida sacrificada aos ídolos, *do sangue*, da carne de animais estrangulados e da imoralidade sexual. Vocês farão bem em evitar essas coisas" (Atos 15:29). Pode-se possivelmente inferir disso — e eu até ouvi pregadores dizerem isso — que os cristãos não podem comer seu bife malpassado, isto é, com sangue ainda nele, porque isso viola o decreto apostólico. Devemos lembrar, porém, que o Concílio de Jerusalém foi sobre estabelecer um consenso em relação aos gentios deverem ou não ser circuncidados e se converter ao judaísmo para se juntar à igreja. O veredito do Concílio de Jerusalém — depois de ouvir o testemunho de Pedro e graças à mediação de Tiago — foi que os gentios não precisavam ser circuncidados para se tornarem seguidores de Jesus. No entanto, para aplacar aquele grupo específico da igreja de Jerusalém que considerava todas as coisas gentias com desconfiança, o decreto apostólico exigiu que os crentes gentios se abstivessem de desvios sexuais e alimentos associados à adoração de ídolos. A questão não era se abster de sangue por simplesmente ser errado comer, mas por causa de como o sangue era usado em rituais e sacrifícios pagãos. Portanto, sinta-se à vontade para ir ao *Outback Steakhouse*, pedir um *Melbourne porterhouse* malpassado e comê-lo para a glória de Deus. Não porque você esteja negligenciando os mandamentos divinos, mas porque nem todos os mandamentos são igualmente válidos em toda a história da redenção. O que você deve lembrar é que alguns trechos da Bíblia eram de fato imbuídos de autoridade naquele período, mas como vivemos em um contexto diferente, sob uma aliança diferente, elas não são aplicáveis para nós hoje.

Entenda que as histórias e mandamentos bíblicos lidam com duras realidades, não com situações necessariamente ideais
Existe o mundo como gostaríamos que fosse, e existe o mundo como ele é. Em um mundo ideal, as mulheres nunca estão sujeitas ao sexismo, os negros não sofrem racismo e os políticos são honestos e transparentes. No entanto, o mundo não é ideal; o mundo real é insensível, brutal e sombrio. Ou, como Amós e Paulo disseram: "os dias são maus" (Amós 5:13; Efésios 5:16). Como resultado, devemos lidar com um mundo onde as mulheres sofrem abuso e discriminação, onde o racismo acontece e onde a corrupção é comum. Podemos expor a injustiça e lutar por mudanças, mas nesse ínterim, temos de ser inteligentes e fazer o necessário para suportar a calamidade e trabalhar por um mundo melhor. Jesus nos ensinou a orar: "[Senhor] [...] livra-nos do mal" (Mateus 6:13, ESV), mas quando o mal vier, ele nos disse para sermos "prudentes como as serpentes e simples como as pombas" (Mateus 10:16), e "se não têm espada, vendam a sua capa e comprem uma" (Lucas 22:36). Às vezes os mocinhos vestem cinza, às vezes temos que conviver com a ambiguidade moral, às vezes as alternativas não são

preto e branco, e às vezes até fazer a coisa certa é simplesmente fazer a opção menos feia.

Da mesma forma, a Bíblia lida com o mundo como ele é, em sua crueldade e caos moral. Um mundo com guerra intertribal, saqueadores, juízes que aceitam suborno, fome, impérios estrangeiros, religiões pagãs, escravidão, maldições, infanticídio, exploração e patriarcado. Felizmente, Deus falou sua palavra no contexto do antigo Oriente Próximo e no Mediterrâneo greco-romano; era uma palavra graciosa que lidava com as duras realidades da existência humana e aliviava a miséria de muitos. No entanto, mesmo que a palavra divina melhorasse as coisas, nem sempre as tornava imediatamente perfeitas. A Bíblia fala a um mundo que está bagunçado, e os decretos de Deus para esse mundo não limpam toda bagunça instantaneamente. Em primeiro lugar, os mandatos da Bíblia nem sempre funcionavam dentro de uma situação ideal; antes, eram úteis para o ambiente em que o povo de Deus habitava naquele tempo. Os mandamentos de Deus aos israelitas sobre guerra, escravos, mulheres e justiça tornaram as coisas melhores do que eram, mas não exatamente perfeitas, se julgadas pelos padrões do Novo Testamento ou da Declaração Universal dos Direitos Humanos.

Permita-me colocar da seguinte forma. No mundo ideal de Deus, transformamos espadas em arados. Mas no mundo cruel de Canaã, um milênio antes de Cristo, as instruções de Deus lhes diziam o que eles tinham de fazer para sobreviver se fossem para a guerra com os amonitas, como eles deveriam tratar os sobreviventes, como eles deveriam fazer um tratado com estrangeiros, como deveriam impedir que religiões e culturas estrangeiras os fizessem esquecer de sua própria, como eles deveriam tratar alguém que cometeu assassinato etc. Muito do que encontramos na Bíblia, especialmente no Antigo Testamento, não é o ideal, pelo menos não quando julgado da perspectiva do Novo Testamento. O que vemos ali era algo entre uma forma de sobrevivência emergencial e uma tentativa de melhorar uma situação terrível e traumática. O Antigo Testamento transmite a realidade implacável do povo de Deus tentando sobreviver no mundo antigo e lidando com um mundo que tinha uma visão particular de masculinidade, parentesco, deveres morais e ordem social. Quando lemos os textos sobre a guerra — incluindo discursos retóricos para "não mostrar misericórdia" às tribos hostis e a permissibilidade de levar mulheres como cativas — precisamos imaginar esse Deus vestindo um traje de proteção e tentando liderar Israel por meio do pântano tóxico da humanidade perversa e levando-os, de forma gradual, à uma maneira melhor de ser humano. Devemos ler os mandamentos e histórias do Antigo Testamento sobre a guerra sabendo que eles tinham um propósito específico em determinado momento e em determinado lugar, mas não era ideal; era lamentável, era repugnante, mas algo melhor estava por vir.[3]

Para nós hoje, felizmente, Jesus veio e não apenas trouxe consigo os verdadeiros propósitos de Deus para o nosso mundo, mas também inaugurou este novo mundo, o reino de Deus, no qual o amor e a bondade de Deus derrotam todos os males e um dia fará novas todas as coisas. Onde estamos agora, do outro lado da Páscoa e do Pentecostes, temos o ensinamento de Jesus como algo não apenas ideal, mas destinado a ser real para nós em nossa própria vida e fé e feito real mais uma vez à medida que lidamos com nosso difícil século 21. Escrevo este parágrafo no auge da emergência do COVID-19, e as igrejas estão ocupadas discernindo, dentro de suas próprias consciências, como praticar as palavras de Miqueias orientando que pratiquem a "justiça, ame a fidelidade e ande humildemente com o seu Deus" (Miqueias 6:8) e como "amar uns aos outros" como Jesus ordenou (João 13:34,35). Tem sido um trabalho árduo, posso dizer. Assim, uma tarefa urgente para a igreja de hoje é pensar constantemente como, em nome de Cristo, podemos usar os recursos de nossa fé, nossas Escrituras, nossas tradições, bem como a ciência, a medicina, a justiça comum e a

---

[3] Aqui estou em dívida com William J. Webb; Gordon K. Oeste, *Bloody, brutal, and barbaric: wrestling with troubling war texts* (Downers Grove: InterVarsity Press, 2019).

experiência humana compartilhada para fazer do mundo um lugar melhor. Não estamos tentando construir algum tipo de utopia secular com uma igreja na esquina. Nosso projeto é o reino de Deus e, portanto, é Deus e somente ele quem inaugura o reino, pois este reino não é algo que podemos fabricar por nós mesmos. Mas podemos contribuir para o reino de Deus quando dirigimos ao mundo a mensagem de justiça e amor de Deus, a oferta de reconciliação e perdão e a compaixão de Cristo, usando noções bíblicas de justiça, igualdade e benevolência para trazer aos nossos semelhantes sua verdadeira identidade como portadores da imagem de Deus. Ao fazermos isso, com fidelidade e integridade, buscando o favor de Deus e de nossos próximos, mais claramente nos colocamos sob a autoridade de Deus, as Sagradas Escrituras e os ensinamentos de Jesus Cristo.

Interprete a Bíblia à luz da revelação progressiva

Uma regra interpretativa que precisamos lembrar é que a revelação de Deus em Cristo é o clímax da revelação de Deus a nós concedida e representa o relato definitivo dos propósitos de Deus para o seu povo. Isso não significa que tudo antes seja redundante ou relativizado, mas, sim, que tudo deve ser revisto por meio das lentes do propósito contínuo de Deus para seu povo.

Assim, por um lado, a poligamia era tolerada e regulamentada no Antigo Testamento, em grande parte por necessidade prática. Era uma maneira de preservar a pureza tribal, criar alianças familiares e militares e maximizar a reprodução durante um período de altas taxas de mortalidade. Embora, de forma não surpreendente, na maioria dos casos a poligamia terminasse muito mal para seus praticantes, como aconteceu com Abraão, Jacó e Salomão. Por outro lado, o ideal expresso em Gênesis é que o casamento deve ser construído em torno de um relacionamento marido-mulher (Gênesis 2:24), o que foi afirmado por Jesus, com grande ênfase adicionada de que o casamento exclui todos os outros relacionamentos (Mateus 19:5,6), e Paulo também reforça o casamento como uma instituição entre um homem e uma mulher (Efésios 5:31-33; 1Timóteo 3:2). Isso significa que você não pode ler Gênesis 16, onde Sara exorta Abraão a tomar Agar como sua concubina, e dizer a si mesmo, "Bem, Abraão teve mais de uma mulher. Eu sou filho de Abraão. Então, vamos adicionar mais uma a esse casamento", fazer um login no Tinder e ir atrás de umas camas *king-size*. Sinto muito, mas não. A poligamia pode ter sido normal para o homem da tribo nômade que Deus escolheu para iniciar seu projeto de resgate, mas não era o ideal, e Jesus e Paulo afirmaram a palavra definitiva de Deus sobre o casamento: é um espetáculo para duas pessoas, um homem e uma mulher.

Os cristãos também precisam entender que a Lei de Moisés nunca foi concebida com a intenção de ser eterna, para agora e sempre, uma série imutável de mandamentos divinos a serem obedecidos sempre. Em vez disso, a aliança mosaica era uma administração temporária da graça de Deus para governar Israel e tinha como objetivo envolver as promessas de Deus em torno de Israel até que a prometida semente messiânica viesse. A aliança mosaica ensinava os israelitas acerca da santidade de Deus e da severidade do pecado e aprofundava sua capacidade de adorar a Deus em um ambiente pagão. A Lei apontava para a vinda de um libertador messiânico e era preparatória para o papel de Israel de estender a salvação ao mundo. A Lei fazia parte do andaime para manter as coisas temporariamente em ordem, retas e estáveis, apontando para um mundo futuro. Mas quando o futuro chegou, o andaime não era mais necessário, porque o novo prédio estava pronto.

Embora toda a questão da validade permanente da Lei de Moisés divida os cristãos, eu argumentaria que a Lei Mosaica, mesmo se resumida nos Dez Mandamentos, *não* é o resumo definitivo da ética cristã. Em vez disso, o conteúdo da ética cristã é o ensino de Jesus, seu exemplo e vida no Espírito. A Lei permanece relevante em muitos aspectos, mas não como leis a serem obedecidas à risca; antes, a Lei permanece relevante como uma forma de sabedoria para a vida cristã e um testemunho profético de Cristo. Em outras palavras, a Lei é mais um consultor de ética do que um código de ética.[4]

Assim, quando deparamos com um texto problemático sobre qualquer coisa, desde a poligamia até a proibição da carne de porco, temos de perguntar se ele foi substituído por algo melhor na revelação progressiva de Deus de si mesmo. Devemos reconhecer que a Lei mosaica não é a base primária para a ética cristã, mesmo que permaneça uma forma de sabedoria para a vida cristã. A autoridade bíblica deve ser entendida à luz da revelação progressiva de Deus que tem seu ápice em Jesus e no ensino dos apóstolos. É chamado de *Antigo* Testamento por uma razão. Note, eu não o chamei de *feio*, o *nojento* Testamento. Nem chamei de testamento *bem-nós-tentamos-mas-foi-ruim*. Nem mesmo o *Testamento Muito Antigo e Estranhamente Judaico*. O *Antigo* era bom, tem seu lugar e propósito, mas é suplantado pelo *Novo*, mesmo que o *Novo* afirme muito do *Antigo*.

Reconheça a autoridade sem igual de Jesus

Toda a Escritura é imbuída de autoridade. No entanto, autoridade especial deve ser associada aos ensinamentos de Jesus. Não deveria ser surpresa que os pais apostólicos e os apologistas do segundo século citaram os Evangelhos mais do que qualquer outra parte das Escrituras. As primeiras igrejas eram de fato "cristãos de letras vermelhas", que frequentemente citavam as palavras de Jesus como seu primeiro fundamento de apelo teológico e exortação moral. Os primeiros teólogos da igreja tiraram seu principal ímpeto teológico das palavras do próprio Senhor Jesus contadas nos Evangelhos.

Estou bem ciente de que isso pode ser levado em uma direção muito irresponsável que joga Jesus contra a Bíblia. Como se fosse possível dizer: "Quem se importa com o que esse Deus cruel e impiedoso do Antigo Testamento diz — nós temos Jesus!" ou "Quem se importa com o que um

---

[4] Veja Brian S. Rosner, *Paul and the law: keeping the commandments of God* (Downers Grove: InterVarsity Press, 2013).

homofóbico misógino como Paulo fala — nós temos Jesus!". Não, isso é uma afronta a Jesus que afirmou a autoridade duradoura das Escrituras de Israel, que autorizou os apóstolos, que vive e reina por meio de sua igreja, e que deu a seus discípulos as chaves do reino para "ligar" e "desligar" à medida que o Espírito os guiava (veja Mateus 16:19; 18:18; João 20:23).

Em vez disso, devemos ler o Antigo Testamento da maneira como Jesus nos ensinou: centrado em sua vida, obra e ensino (Lucas 24:44,45). Devemos sempre dar um precedente especial ao ensino de Jesus sobre qualquer tópico, pois, em última análise, sua palavra é o árbitro final sobre a verdade, o amor e o caminho da justiça. O melhor indício para entender o que é imbuído de autoridade e aplicável deve vir dos ensinamentos do próprio Senhor Jesus (mais sobre isso no capítulo 7).

Revisar a doutrina conforme requer a revelação

Em nenhum momento da tradição cristã a teologia foi encerrada ou congelada; ela está sempre em construção à medida que a igreja luta para conhecer sua própria mente enquanto atende às Escrituras, se engaja com a tradição, observa a natureza, reflete sobre a experiência e fala de maneira relevante dentro de suas culturas nativas. A doutrina da Trindade e a ética que proíbe a escravidão são exemplos de como a teologia cristã se desenvolveu.

A Trindade não é ensinada explicitamente na Bíblia, mas é um conceito bíblico que surgiu entre os pais da igreja para capacitar as igrejas a entenderem o que a Bíblia diz sobre Deus e o que isso implica nas relações entre as pessoas divinas. A Trindade é como explicamos como o Pai é Deus, Jesus é Deus e o Espírito é Deus, que há um Deus e não três deuses, e que outras soluções como modalismo (um deus com três faces) e subordinacionismo (Filho e Espírito são divindades menores que o Pai) não são explicações coerentes de Deus de acordo com as Escrituras, com a adoração da igreja e com a experiência. A doutrina da Trindade se desenvolveu, por necessidade, a partir da reflexão da igreja sobre as Escrituras, mas levou algum tempo para chegar lá.

> **O QUE É A TRINDADE?**
>
> De acordo com a Confissão de Fé de Westminster, "Na unidade da Divindade há três Pessoas de uma substância, poder e eternidade: Deus Pai, Deus Filho e Deus Espírito Santo. O Pai não pertence a ninguém, nem gerado nem procedente; o Filho é eternamente gerado do Pai; o Espírito Santo procedendo eternamente do Pai e do Filho" (WCF 2.3), e a Trindade é bíblica no sentido de que a consideramos como uma "consequência boa e necessária [que] pode ser deduzida da Escritura" (WCF 1.6).

A Bíblia pressupõe um mundo onde a escravidão acontece, onde é normal mesmo que seja lamentável. Há exortações aos escravos sobre como negociar suas circunstâncias difíceis, uma censura ao tratamento abusivo para com os escravos, mas nenhum apelo explícito à emancipação de todos os escravos. No entanto, se considerarmos como uma doutrina da imagem de Deus fornece sementes que podem florescer em noções sobre direitos humanos (Gênesis 1:26,27; 9:6); se alguém medita em um texto pró-igualdade como Gálatas 3:28 que afirma a igualdade de escravo e livre em Cristo; se considerarmos a exortação de Paulo a Filêmon para receber Onésimo como irmão e não como escravo (Filemon 15,16); e se alguém se lembrar da proibição de Paulo de um crente ser um comerciante de escravos (1Timóteo 1:10), então a proibição da escravidão poderia ser considerada uma consequência natural do ensino cristão.

> George Bourne, um ministro presbiteriano e abolicionista do século 18, apresentou um caso robusto de como era possível ver a instituição da escravidão como antibíblica e anticristã. Bourne não encontra uma proibição clara da escravidão nas Escrituras, mas ele raciocina dentro e a partir das Escrituras para apresentar o seguinte argumento:
>
> A prática da escravidão não é condenada nas Escrituras por esse nome, nem mencionada em nenhuma de nossas definições de direito comum com o mesmo nome. Mas é condenada nas Escrituras sob outros nomes e, por

meio de descrições, clara e severamente. Existem muitas práticas modernas, como a pirataria, os duelos, jogos de azar etc., que não são condenadas nas Escrituras por esses nomes, mas por descrições. Dessa forma, embora todos os crimes contra Deus e sua religião tenham sido legalizados pelos homens neste mundo, são claramente descritos e condenados nas Escrituras, de modo que a humanidade não tem nenhuma desculpa moral ou justa para cometê-los... O enorme número de evidências sobre a mesma doutrina [contra a escravidão] é encontrada no fato de que a posse e a comercialização de seres humanos como propriedade, licenciosidade e prodigalidade, tirania e crueldade produzidas por essas práticas são representados como entre os maiores pecados e ameaçados com os mais severos julgamentos e punições divinas, em várias outras partes das Escrituras (veja Deuteronômio 28:68; 2Crônicas 28:8-15; Neemias 5:5—15; Salmos 44:12; Isaías 53:3-6; Jeremias 15:13,14; Ezequiel 27:2,13,26-36; Joel 3:3-8; Amós 2:6,7; Obadias 11; Naum 3:10; Zacarias 11:5 etc.). De acordo com a escrita e o sentido dessas passagens, tal tratamento dos seres humanos é digno de morte, embora em algumas delas o mesmo tratamento seja ameaçado como punição dos maiores pecados, o que equivale à mesma coisa, porque a escravidão humana é a morte em vida e a destruição de suas vítimas — embora na maioria das mesmas passagens, como seu contexto mostra claramente, haja a ameaça da destruição pública ou da morte como punição retaliatória divina para a prática pública ou costumeira do mesmo tratamento.[5]

A doutrina cristã se desenvolveu e, sem dúvida, continuará a fazê-lo no futuro em alguns aspectos. Como tal, a ortodoxia teológica — com o que pretendo dizer a fé cristã autêntica e histórica — não deve ser identificada com um momento particular da história confessional da igreja. A igreja está sempre tentando preservar seu compromisso com as Escrituras, ao mesmo tempo em que busca discernir como elas fazem sentido e funcionam em nosso contexto. Não me entenda mal, isso não é uma licença para apenas inventar coisas sob o pretexto de

---

[5] George Bourne, *A condensed anti-slavery Bible argument: by a citizen of Virginia* (New York: S. W. Benedict, 1845), p. 9, 18-9.

"desenvolvimento da doutrina". A história da heresia mostrou que a inovação radical, a submissão à cultura ou as tentativas de modificar as Escrituras são sempre prejudiciais à fé santíssima da igreja. Deus não nos dá uma nova luz, mas tem uma iluminação nova para derramar sobre sua palavra, como alguns dos puritanos disseram. Como resultado, devemos nos lembrar de que o desenvolvimento doutrinário deve ser orgânico e não estranho, coerente com a lógica bíblica, construído sobre fundamentos apostólicos e buscando consenso nas igrejas do mundo. Enquanto a teologia se preocupa com a busca pelo que é a crença, a adoração e a prática corretas, o veredito da igreja em sua crença e ética sempre foi provisório (o que é correto está aberto à correção) e contextual (a correção às vezes é uma questão de circunstância).

PENSANDO DE FORMA FIEL E CONSTRUTIVA SOBRE A AUTORIDADE BÍBLICA

Neste capítulo, tentei explicar que a verdadeira marca de uma visão cristã da Escritura é tratá-la como normativa e não negociável. Mesmo assim, fui extremamente honesto ao apontar os problemas com uma visão ingênua do que significa viver sob a autoridade bíblica. Devemos evitar os extremos: por um lado, levar descaradamente uma tesoura para as partes da Bíblia que não lhe interessam (a opção progressiva) ou, por outro lado, viver e adorar como se todos os mandamentos da Bíblia fossem igualmente relevantes e igualmente aplicáveis a nós hoje (a opção hiperliteral). Existem algumas boas razões para não fazermos algumas das coisas que a Bíblia ordena, como apedrejar pessoas por adultério, e fazermos algumas coisas que a Bíblia proíbe, como comer carne de porco.

....

> As Escrituras não devem ser lidas com o propósito de ganhar argumentos intelectuais, mas com uma atitude de obediência reverente como a do salmista: "Guardei no coração a tua palavra para não pecar contra ti" (Salmos 119:11). Esdras também é um modelo para "dedicar-se a estudar a Lei do Senhor e a

praticá-la, e a ensinar os seus decretos e mandamentos aos israelitas" (Esdras 7:10). Devemos procurar aplicar a palavra que foi estudada às nossas próprias situações.

— **Samuel Waje Kunhiyop**, *African Christian ethics* (Nairobi: Hippo, 2008), p. 50-1.

....

Além de todo o atoleiro de normatividade e autoridade, encorajo você a lembrar que Deus nos confronta nas Escrituras com suas exigências para nossa obediência, e não em nosso acordo desanimado com coisas que são momentaneamente convenientes. Se amamos nosso Senhor, devemos amar sua palavra e nos esforçar para obedecê-la com todo o nosso coração, mente, força e alma. A diferença entre os seguidores e os fãs, as ovelhas e os bodes, o verdadeiro cristianismo e a religião consumista, é que os seguidores são aqueles que prometem fazer como os israelitas, dizendo que "ouviremos e obedeceremos" (Deuteronômio 5:27), que escondem a palavra de Deus no coração (Salmos 119:11), que obedecem ao ensino de Jesus como expressão de seu amor por ele (João 14:23,24) e que constroem sua casa sobre o fundamento das palavras de Jesus (Mateus 7:24-26).

LEITURA RECOMENDADA

ENNS, Peter. *How the Bible actually works: in which I explain how an ancient, ambiguous, and diverse book leads us to wisdom rather than answers — and why that's great news* (New York: HarperOne, 2019).

MARSHALL, I. Howard. *Beyond the Bible: moving from Scripture to theology* (Grand Rapids: Baker, 2004).

STOTT, John R. W. *Understanding the Bible* (Grand Rapids: Zondervan, 1999).

_____. *Entenda a Bíblia* (São Paulo: Mundo Cristão, 2005).

CAPÍTULO 4

A BÍBLIA É *PARA* O NOSSO TEMPO, MAS NÃO *SOBRE* O NOSSO TEMPO

A BÍBLIA É PARA NÓS. É A PRINCIPAL FONTE sobre o que devemos crer e como devemos agir como discípulos de Jesus Cristo. A Bíblia existe para que *nós* tenhamos uma visão da criação centrada em Deus, para que entendamos a providência de Deus na história, escutemos suas promessas, conheçamos suas palavras de advertência e encorajamento, tenhamos as palavras de Jesus, escutemos o testemunho dos apóstolos sobre o Cristo e olhemos adiante para o reino em toda a sua plenitude futura. A leitura particular e pública da Bíblia é *para nós* no sentido de que é para nosso treinamento, nossa edificação, nossa transformação e nosso encorajamento. A Bíblia é *para nós*, pois ela permite que Deus fale com as pessoas ao longo da história, por meio de nossos múltiplos idiomas e culturas, e de uma maneira que realmente transcende as diferenças humanas. Seja você um cristão do século 2 em Roma, um cristão árabe do século 5 na cidade de Tikrit ou um crente do século 21 no Zimbábue, a Bíblia é a palavra de Deus para você, para eles e para nós hoje. A Bíblia é para nós, ontem, hoje e até o fim dos tempos.

No entanto, EMBORA A BÍBLIA SEJA PARA NÓS, ELA NÃO FOI ESCRITA PARA NÓS, NEM FOI ESCRITA SOBRE NÓS. Quando lemos a Bíblia, estamos entrando em um mundo histórico e culturalmente distante e devemos "tomar cuidado com o vão", como dizem no metrô de Londres.

Na pressa de tornar a Bíblia instantaneamente relevante, podemos inadvertidamente abusar dela por não reconhecer a situação específica dos autores e preguiçosamente pegar algo que nos parece útil em uma primeira leitura. Isso aplicado ao estudo da Bíblia, seria como navegar na Wikipédia em vez de passar algumas horas em sua biblioteca local. Ler as Escrituras para uma aplicação rapidamente prática e ignorar a lacuna social, histórica e cultural é como procurar gratificação instantânea sem o trabalho duro do estudo.

O problema é que se *desrespeitarmos* a distância histórica, potencialmente *distorceremos* a interpretação correta da Bíblia. Assim, é essencial perguntar o que Isaías 53 significou para os exilados da Judeia na Babilônia do século 6 antes de perguntarmos como isso se aplica a Baltimore, a Brisbane ou a Bogotá do século 21. Eu sei que isso vai soar estranho, mas para tornar a Bíblia significativa, relevante e aplicável, ela primeiro deve ser desfamiliarizada e deslocada de nosso próprio tempo.[1] Em outras palavras, temos de entender o quão estranho é o mundo bíblico antes de tentarmos torná-lo familiar ao nosso próprio público. Em outras palavras, temos de perceber o quão diferente a Bíblia é de nosso próprio tempo antes que possamos permitir que ela fale à nossa própria situação contemporânea. Caso contrário, terminaremos com uma leitura superficial da Bíblia, ou pior, acabaremos projetando nosso próprio contexto e época ao texto bíblico.

Existe um perigo real de nos tornarmos excessivamente familiarizados com a Bíblia no sentido de que lemos nossas próprias experiências nela. Temos de lembrar que o mundo bíblico era bem diferente do mundo em que vivemos. As pessoas que trabalham com tradução bíblica lidam com esse problema o tempo todo. Quero dizer, quanto

---

[1] O historiador religioso Jonathan Z. Smith (*Imagining religion: from Babylon to Jonestown* [Chicago: University of Chicago Press, 1982], p. 13) observou como era benéfico "fazer o conhecido parecer estranho para aumentar nossa percepção do conhecido".

da Bíblia você pode traduzir para uma cultura, e quanto você tem de deixar sem tradução? Quando os tradutores da Bíblia chegaram à Papua Nova Guiné, eles tiveram um problema. Como você diz que Jesus é o "Cordeiro de Deus que tira o pecado do mundo" para pessoas que nunca viram um cordeiro e que não têm ideia de como é um cordeiro ou como os cordeiros eram usados para sacrifícios e alimento no Oriente Médio? Mas em Papua Nova Guiné eles têm porcos, que eram símbolos de prosperidade e riqueza, e esses porcos eram usados em práticas religiosas indígenas. Então você poderia dizer que "Jesus é o Porco de Deus que tira o pecado do mundo"? Talvez, mas provavelmente não seja uma boa ideia, dadas as proibições do Antigo Testamento de consumir carne de porco, o que criaria uma confusão. Então provavelmente é melhor deixar como "Cordeiro", e então quando alguém perguntar: "O que é um cordeiro?", vá em frente e explique para eles. Mas espero que você entenda a ideia principal. Algumas coisas precisam ser deixadas sem tradução, mantidas diferentes e tornadas estrangeiras para serem compreendidas corretamente.

O problema é que na psicologia da leitura não podemos deixar de associar o familiar ao desconhecido, na esperança de compreender melhor. Sempre associamos as palavras, imagens e metáforas em um texto com nossa própria experiência dessas mesmas palavras, imagens e metáforas. Embora a semelhança da experiência humana seja o que torna possível a tradução e a leitura, existe o perigo de projetar sua própria experiência de algo, sejam cordeiros ou templos, no texto que você está lendo. O problema é que as coisas que consideramos como certas, pensamos como evidentes, ou supomos como verdadeiras, eram muitas vezes bem diferentes no contexto dos povos antigos. Quando Isaías ou Lucas mencionam X, podemos supor que X significava para eles a mesma coisa que significa para nós. Mas isso muitas vezes não é o caso. Muitas vezes, palavras, conceitos e símbolos tinham significados diferentes no mundo antigo do que em nosso mundo moderno. Deixe-me demonstrar isso para você mostrando como as palavras "religião", "dádiva" e "hospitalidade" significavam coisas muito diferentes no mundo antigo do que significam agora.

COMO UM PEQUENO CONHECIMENTO CONTEXTUAL PODE TRAZER GRANDES INSIGHTS

Quando a religião não é realmente religiosa

Aqueles que vivem no Ocidente moderno tendem a pensar em "religião" como a esfera do sagrado, crenças sobre Deus ou como obrigações éticas ordenadas por Deus e conectadas a virtudes como a caridade. Além disso, a religião para nós é diferente do mundo secular com seus locais públicos neutros e instituições como governo e educação. No entanto, no mundo antigo, "religião" não era sobre crenças e ética; em vez disso, tratava-se de deveres para com os deuses, em grande parte da perspectiva ritual. O mundo antigo também não tinha nenhum secularismo fazendo a separação entre igreja e Estado; em vez disso, coisas como religião, governo, economia, negócios, cidadania, etnia e comandos militares estavam todos intimamente ligados. Assim, quando Paulo elogia os atenienses por serem "religiosos", eles não estão pensando que Paulo gosta de sua teologia e ética, que são separadas de sua política; não, eles estão pensando que Paulo estava afirmando a maneira em que eles cumprem seus deveres para honrar os deuses por meio de sacrifícios, orações e outros rituais (Atos 17:22).[2]

Quando dar presentes não é de graça

Tendemos a associar a ideia de dar presentes com generosidade totalmente gratuita com a expectativa de nada em troca, mas no mundo antigo dar presentes não significava isso. Os presentes geralmente

---

[2] O melhor estudo sobre isso é Brent Nongbri, *Before religion: a history of a modern concept* (New Haven: Yale University Press, 2015); quanto a uma explicação mais breve e acessível, veja N. T. Wright; Michael F. Bird, *The New Testament in its world* (Grand Rapids: Zondervan Academic, 2019), p. 152-8 [a ser publicado por Thomas Nelson Brasil].

tinham alguma expectativa recíproca, alguma amarra ou dívida, tornando a missão do destinatário retribuir algum favor ou serviço àquele que deu o presente. Todos os presentes tinham um *quid pro quo* implícito, mesmo que houvesse certa medida de generosidade. Uma coisa que é impressionante sobre a teologia da graça do apóstolo Paulo é que sua noção do dom divino da salvação não é sobre reciprocidade, mas, sim, sobre incongruência: Deus concede seu dom de graça de uma forma que as pessoas nunca podem retribuir totalmente (veja Romanos 5:15- 17; 6:23). Conhecer um pouco sobre a compreensão antiga acerca do ato de dar uma dádiva ajuda a nos mostrar como a teologia da graça e dos dons divinos de Paulo se destaca.[3]

Quando a hospitalidade está muito além dos amigos

As pessoas hoje tendem a pensar em hospitalidade como algo que fazem para amigos e parentes — convidando-os para uma refeição ou levando-os para jantar fora. Mas no mundo antigo, a hospitalidade era praticada para com estranhos, pessoas que você não conhecia ou não sabia se podia confiar plenamente nelas (veja Romanos 12:13; 1Timóteo 5:10; Hebreus 13:2; 3João 8)![4]

> Deus convida e exige que seu povo seja um povo hospitaleiro. Então o que está em jogo? Uma igreja ou indivíduo que não pratica a hospitalidade não entende a identidade do Deus Trino e uno e, por consequência, o próprio significado da identidade e da vida cristã.
> — **Joshua Jipp,** cit. em Tavis Bohlinger, "Does Biblical hospitality mean Martha Stewart? Joshua Jipp says no", *The Lab,* Sept. 29, 2018, disponível em: academic. logos.com/does-biblical-hospitality-mean-martha-stewart-joshua-jipp-says-no

---

[3]Isso foi demonstrado recentemente por John Barclay, *Paul and the gift* (Grand Rapids: Eerdmans, 2015) [edição em português: *Paulo e o dom* (São Paulo: Paulus, 2018)].

[4]Conforme demonstrado habilmente por Joshua W. Jipp, *Saved by faith and hospitality* (Grand Rapids: Eerdmans, 2017).

Passando da familiaridade para a estranheza e, por fim, para a aplicação

Portanto, se pensarmos que o mundo antigo dividia a religião da política ou pensava na religião da perspectiva das crenças e da ética, entenderemos mal as referências à "religião" em lugares como o livro de Atos (Atos 17:22; 25:19; 26:5). Ou se lermos nossa própria ideia de "dom" em Romanos 5:15-17 e 6:23, provavelmente perderemos alguma coisa ou entenderemos mal a natureza radical do ponto de Paulo sobre como a graça de Deus é generosa para conosco. Da mesma forma, se pensarmos que "hospitalidade" significa apenas sair com nossos bons amigos da igreja de classe média, não estaremos realmente obedecendo ao comando "Não se esqueçam da hospitalidade" (Hebreus 13:2). Não estaremos envolvidos na hospitalidade bíblica que requer cuidar do imigrante, do estrangeiro e do refugiado em nosso meio.

Portanto, para entender a Bíblia, você tem de se "desfamiliarizar" ou se "tornar estranho" à Bíblia. Para ser claro, não me refiro a tratar a Bíblia como uma relíquia histórica com pouca ou nenhuma relevância para nossos dias. Não estou sugerindo que estudemos o contexto histórico da Bíblia apenas com o propósito de criar um museu de palavras engraçadas e antigas e ideias estranhas para serem analisadas por curiosidade. Em vez disso, o que quero dizer é que devemos olhar para Bíblia de novo, reconhecendo sua localização e propósito específicos, entendendo sua situação e seu antecedente histórico. Uma vez que a Bíblia nos pareça estranha, podemos relê-la novamente, em seus próprios termos, sem projetar a nós mesmos ou nossa própria cultura nela. A partir daí, somos capacitados e encorajados a encontrar maneiras novas, empolgantes e desafiadoras de torná-la relevante para nós.

Portanto, o objetivo deste capítulo é destacar a importância de conhecer o contexto histórico, entrar no mundo e na cultura da antiguidade, e as grandes recompensas que você obtém ao entender e aplicar a Bíblia se fizer um pouco de esforço para entender o contexto histórico.

TER UM MELHOR CONHECIMENTO DO CONTEXTO GERA UMA MELHOR APLICAÇÃO

Existem vários textos bíblicos bem conhecidos que demostram o valor de conhecer um pouco do contexto do mundo ao redor da Bíblia a fim de obter uma melhor compreensão dela.

A imagem de Deus

> Então Deus disse: "Façamos o homem à nossa *imagem, conforme* a nossa semelhança. Domine ele sobre os peixes do mar, sobre as aves do céu, sobre os animais grandes de toda a terra e sobre todos os pequenos animais que se movem rente ao chão".
>
> Criou Deus o homem à sua *imagem*,
> à *imagem* de Deus o criou;
> homem e mulher os criou
> (Gênesis 1:27).

Esse é um dos textos mais famosos da Bíblia cristã e profundamente importante para nossa doutrina da humanidade — a crença de que cada pessoa, homem e mulher, carrega a *imago dei* ou a imagem de Deus. Mas o que é precisamente a "imagem" na "imagem de Deus"?

A imagem de Deus tem geralmente sido identificada como um traço ou habilidade particular que os humanos têm: algo como a capacidade de raciocínio e reflexão, a capacidade de se engajar no discurso racional, uma mistura de autoconsciência e consciência de Deus, nossa disposição para formar relacionamentos, a capacidade de ser movido por mais do que instinto e desejo básico, um desejo de conhecer e ser conhecido. Em outras palavras, a imagem de Deus é geralmente associada à racionalidade e relacionalidade *humanas*.

Devo confessar que definir a imagem como uma habilidade racional ou uma capacidade relacional sempre me incomodou. Isso pode implicar que pessoas com deficiência cognitiva (Síndrome de Down ou demência) ou com problemas relacionais (autismo ou Asperger) são de alguma forma inferiores ou não têm a imagem de Deus. No entanto, isso parou de me incomodar quando aprendi alguns fatos do Antigo Testamento sobre o significado da imagem de Deus no contexto do antigo Oriente Próximo.

Durante meus estudos, aprendi que em partes do antigo Oriente Próximo a "imagem de deus" era um título exaltado para monarcas.[5] Os reis eram considerados servos especiais dos deuses e, portanto, carregavam sua imagem como governantes da terra. No Novo Reino do Egito (1500 a.C.), o faraó egípcio é exaltado como a "imagem de Rá" e a "imagem de Atum". O rei assírio Esaradom foi considerado como a "imagem de Bel" e a "imagem de Marduk" (600 a.C.). Em um fragmento de papiro do Egito durante o período ptolomaico (200 a.C.), encontramos uma referência ao monarca como "uma imagem viva de Zeus, filho do Sol".[6] O filósofo grego Plutarco (100 d.C.) disse: "Ora, a justiça é o objetivo e o fim da lei, mas a lei é obra do governante, e o governante é a imagem de Deus que ordena todas as coisas".[7]

Isso significa que, em vez de considerar a "imagem de Deus" como uma habilidade racional ou capacidade relacional, se levarmos em conta o contexto do antigo Oriente Próximo, então Gênesis 1:26,27 está dizendo que, aos olhos de Deus, toda humanidade é sua imagem. A imagem não é uma aptidão ou habilidade; é um status, algo dado a todos os humanos, independentemente de gênero, etnia ou capacidade. Enquanto a imagem era restrita a uma elite de poucos monarcas que

---

[5]David J. A. Clines, "The image of God in man", *Tyndale Bulletin* 19 (1968): 53-103; Walter Brueggemann, "From dust to kingship", *Zeitschrift für die Alttestamentlich Wissenschaft* 84 (1972): 1-18.

[6]S. R. Llewelyn, org., *New documents illustrating early Christianity* (Grand Rapids: Eerdmans, 2002), vol. 9, p. 36.

[7]Plutarco, *To an uneducated ruler*, 780e5-f2, citado em Sean McDonough, *Christ as creator: the origins of a New Testament doctrine* (New York: Oxford University Press, 2009), p. 58.

eram adorados como figuras divinas, o privilégio de portar a imagem de Deus é democratizado na narrativa bíblica para que toda a humanidade compartilhe dela.[8] A humanidade, aos olhos de Deus, é sua imagem e recebe a importante tarefa de governar e administrar a criação como vice-regente de Deus. Nessa perspectiva, Deus é um Criador generoso que compartilha o poder com suas criaturas, convidando-as a participar de seu reinado sobre o mundo e a elas confiando esse privilégio.[9]

O resultado de tudo isso é que conhecer o antecedente histórico do antigo Oriente Próximo da "imagem de Deus" nos impede de pensar nesse termo como se tivesse a ver com a capacidade ou habilidade humana — algo que diminuiria os deficientes cognitivos ou os socialmente rejeitados como portadores da imagem de Deus. Em vez disso, a imagem de Deus significa que os seres humanos são representantes reais de Deus, um outdoor cósmico para expressar a soberania e a presença de Deus no mundo, e que todas as pessoas têm a imagem divina e participam da vocação de resplandecer a majestade de Deus no mundo.

Pagando impostos a César

> Mais tarde enviaram a Jesus alguns dos fariseus e herodianos para o apanharem em alguma coisa que ele dissesse. Estes se aproximaram dele e disseram: "Mestre, sabemos que és íntegro e que não te deixas influenciar por ninguém, porque não te prendes à aparência dos homens, mas ensinas o caminho de Deus conforme a verdade. É certo pagar imposto a César ou não? Devemos pagar ou não?". Mas Jesus, percebendo a hipocrisia deles, perguntou: "Por que vocês estão me pondo

---

[8]Victor P. Hamilton, *The Book of Genesis*, New International Commentary on the Old Testament (Grand Rapids: Eerdmans, 1990), p. 135.
[9]J. Richard Middleton, *The liberating image: the imago Dei in Genesis 1* (Grand Rapids: Brazos, 2005), p. 296-7.

à prova? Tragam-me um denário para que eu o veja". Eles lhe trouxeram a moeda, e ele lhes perguntou: "De quem é esta imagem e esta inscrição?". "De César", responderam eles. Então Jesus lhes disse: "Dêem a César o que é de César e a Deus o que é de Deus". E ficaram admirados com ele (Marcos 12:13-17).

Ouvi vários sermões sobre essa passagem e a aplicação é sempre a mesma. Geralmente segue as linhas de pagar impostos a César, Tio Sam ou a quem quer que seja que dirija o governo. Os cristãos devem pagar impostos e ser honestos em suas relações fiscais com o governo; mas lembre-se, a igreja pertence a Deus, não ao governo. Portanto, pague seus impostos e tente manter a igreja e o estado separados. Essa aplicação seria boa se o texto que estamos considerando fosse algo como Romanos 13:1—7, sobre o pagamento de impostos, ou, 1Pedro 2:13—17, sobre obedecer e respeitar o imperador. O problema é, no entanto, que o texto não trata disso.

Em primeiro lugar, é preciso saber que a história não está contando como os fariseus e os herodianos apresentaram uma questão legítima sobre tributação a Jesus porque eles estavam realmente perplexos, sem saber se o pagamento de impostos era uma boa ideia, e realmente queriam saber o que Jesus pensava sobre o assunto. Essa história não é sobre impostos; a coisa toda era uma armadilha projetada para pegar Jesus e colocá-lo em grandes problemas com as autoridades imperiais. Como funcionava a armadilha? Bem, é aqui que alguns contextos históricos são muito úteis e necessários. Se você ler o historiador judeu Josefo, descobrirá que um grupo de galileus bastante zelosos — aqueles ansiosos para se livrar do jugo da opressão romana por meio de uma revolução violenta — tinha um lema: "Nenhum rei, senão Deus". E como pagar impostos a César significava reconhecê-lo como rei, e rei em lugar do Deus de Israel, insinuando que o pagamento de impostos a César era uma traição blasfema e covarde da autoridade suprema de Deus sobre

Israel.[10] Então, quando Jesus foi questionado sobre o pagamento de impostos a César, ele foi colocado em um impasse. Se ele dissesse: "Sim, pague-os", então Jesus pareceria ter comprometido a soberania de Deus, ou então estava se encolhendo de medo dos romanos. Por outro lado, se Jesus dissesse: "Não, não os pague", então os herodianos poderiam ter mandado prender Jesus no local sob a acusação de sedição por proibir o pagamento de impostos, o que era uma ofensa — foi exatamente essa alegação que eles inventaram contra Jesus em seu julgamento (Lucas 23:2). Para citar o Almirante Ackbar, "É uma armadilha!".

Além disso, é preciso saber como a resposta de Jesus estava inscrita na moeda. Observe a resposta de Jesus: ele não tentou responder com um blefe. Em vez disso, ele pediu um denário e perguntou: "De quem é esta imagem e esta inscrição?". Ora, várias moedas foram cunhadas na Judeia, a maioria sem imagens imperiais, geralmente com desenhos florais (apenas Pôncio Pilatos imprimiu moedas representando utensílios de culto pagãos, porque ele era um homem de toga que queria ver o quanto poderia irritar os judeus). Mas esse denário era provavelmente um centavo de tributo tiberiano que tinha de um lado uma "imagem" do rosto de Tibério com uma inscrição que dizia: "César Augusto Tibério, filho do divino Augusto". Então, do outro lado, dizia "Sumo Sacerdote", acompanhado por uma representação da mãe de Tibério, Lívia, posando como a deusa romana, a padroeira de Roma. Qual a relação disso com o corrido? Bem, o ponto de Jesus era que se César era "divino", e se essa era sua "imagem", então era uma violação do segundo mandamento, que explicitamente proíbe fazer imagens esculpidas de um deus (veja Êxodo 20:4; Deuteronômio 5:8). O que Jesus estava dizendo era: "Vocês estão carregando dinheiro pagão, o que é uma afronta à nossa religião, então devolva ao rei pagão seu dinheiro pagão". Jesus voltou a armadilha para seus questionadores. Eles eram os traidores da adoração

---

[10]Veja Josephus, *Antiquities* 18.23; *Wars* 2.118; 7.410 [edição em português: *Guerra dos judeus*, trad. A. C. Godoy (Curitiba: Juruá, 2015), livro II].

monoteísta de Israel e aqueles que estavam transgredindo a lei de Deus por possuírem tal moeda.

Por fim, há ainda mais uma coisa — sem dúvida, uma ironia com o próprio César! Talvez Jesus estivesse dizendo que César deveria ter recebido impostos porque deveria ter recebido *tudo* o que merecia, e ele quis dizer tudo! Assim como Judas Macabeu, que liderou uma revolta contra os sírios no século 2 a.C., exortou seus companheiros judeus a "pagar os gentios integralmente", referindo-se a uma retribuição violenta (1Macabeus 2:68). Assim, longe de concordar com a visão de que os judeus deveriam pagar impostos, Jesus estava sendo subversivo, afirmando uma crítica ao poder pagão sobre Israel e evitando a armadilha preparada para ele.[11]

Essa é uma ótima história sobre como Jesus derrotou os fariseus e herodianos, mas para entendê-la, você precisa saber um pouco sobre os movimentos revolucionários galileus, as moedas romanas antigas e um grito de guerra macabeu.

> D. A. Carson dá outro bom exemplo de como conhecer algumas informações arqueológicas básicas pode prevenir erros e interpretações erradas das Escrituras. Com relação a Apocalipse 3:15,16, sobre as palavras do Jesus exaltado aos laodicenses, e seu desejo de vomitá-los por não serem nem quentes, nem frios, Carson escreve:
>
> Muitos absurdos foram escritos sobre as palavras do Cristo exaltado aos laodicenses: "Conheço as suas obras, sei que você não é frio nem quente. Melhor seria que você fosse frio ou quente!" (Apocalipse 3:15). Muitos têm argumentado que isso significa que Deus prefere pessoas "espiritualmente frias" do que aquelas que são "espiritualmente mornas", embora sua primeira preferência seja por aqueles que são "espiritualmente quentes". Explicações engenhosas são então oferecidas para defender a ideia de que a frieza espiritual é um estado superior à tibieza espiritual. Tudo isso pode ser confortavelmente abandonado quando há a contribuição de uma arqueologia

---

[11] Veja N. T. Wright, *Jesus and the victory of God* (London: SPCK, 1996), p. 502-7 [a ser publicado por Thomas Nelson Brasil].

> séria. Laodiceia compartilhava o vale do Lico com duas outras cidades mencionadas no Novo Testamento. Colossos era a única que desfrutava de água fresca e fria da nascente; Hierápolis era conhecida por suas fontes termais e tornou-se um lugar ao qual as pessoas recorriam para desfrutar desses banhos curativos. Em contraste, Laodiceia padecia com a água que não era nem fria, nem quente e sem utilidade; era morna, carregada de substâncias químicas e com reputação internacional de ser nauseante. Isso nos leva à avaliação de Jesus sobre os cristãos de lá: eles não eram úteis em nenhum sentido; eram simplesmente repugnantes, tão nauseantes que ele os vomitava. A interpretação seria bastante clara para qualquer pessoa que vivesse no vale do Lico no primeiro século; é preciso um pouco de informação do contexto para esclarecer tal ponto nos dias de hoje.[12]

UM SACERDÓCIO DE ACADÊMICOS?

Alguns dos meus leitores aqui podem levantar a objeção de que todo esse foco no contexto histórico, cultural e ambiente antigo como necessário para a compreensão da Bíblia significa que a Bíblia acabará pertencendo a alguns historiadores de elite que sozinhos têm a experiência de ler e entender todas essas coisas. "Que chance temos nós, leigos, de entender a Bíblia se não lemos textos acadianos, ugaríticos, hebraicos, aramaicos, gregos, latinos ou coptas em seus idiomas originais? Como podemos explicar a Bíblia com competência para nossos amigos e familiares se não lemos as epopeias babilônicas da criação, os Manuscritos do Mar Morto, os escritos completos de Filo ou filósofos como Cícero ou Sêneca, ou não acompanhamos os últimos relatórios arqueológicos da Galileia ou Éfeso?" Suponho que você possa se sentir muito intimidado por todo esse conhecimento — conhecimento que você não tem e não tem tempo ou habilidades para começar a adquirir.

---

[12]D. A. Carson, "Approaching the Bible", in: D. A. Carson; R. T. France: J. A. Motyer: G. J. Wenham, orgs., *New Bible commentary: 21st century edition*, 4. ed. (Downers Grove: InterVarsity Press, 1994), p. 15-6.

Será que todo esse foco no contexto histórico é elitista?

Alguns podem ir tão longe a ponto de dizer que esse foco no contexto histórico não é apenas assustador, mas perigoso, porque significa que um "sacerdócio de acadêmicos" se tornará efetivamente um conselho de juízes autonomeados que determinam a interpretação bíblica com base em suas próprias áreas de especialização.[13] Pior ainda, alguns desses chamados especialistas em quem confiamos não são cristãos — alguns são até mesmo incrédulos que tentam refutar a Bíblia. Então quem confiaria neles acima da interpretação bíblica de um leigo piedoso? Além disso, esses "especialistas" dificilmente são unânimes em qualquer coisa, e continuamente debatem entre si sobre as minúcias dos fatos e números. Ainda, o surgimento de novas evidências ou novas teorias os leva constantemente a revisar sua compreensão de coisas como o reinado do rei Davi ou o ministério de Paulo em Corinto.

Você pode contestar dizendo que acredita no sacerdócio de todos os crentes, enquanto eu defendo um magistério de professores ímpios que se tornam arrogantes e se atrevem a dar palestras sobre a Bíblia enquanto não creem nela. Você pode preferir acreditar que cada alma é competente para interpretar a Bíblia por si mesma, e você não precisa de alguns professores pomposos agindo como sacerdotes autonomeados, dizendo a você no que acreditar ou como orar ou pregar, com base em algumas novas palavras aramaicas que foram descobertas ou num fragmento de cerâmica que acabou de ser desenterrado no Egito. "Não, obrigado", você pode responder, "Estou bem. Não quero saber disso!".

Goste ou não, o estudo bíblico requer estudo histórico

Se eu fosse você, respiraria fundo e ficaria comigo por um momento. Veja, se pegar a Bíblia e ler de Gênesis a Apocalipse, com certeza, você pode ter uma compreensão básica da história de Deus. Se ler a Bíblia

---

[13] Tal queixa é apresentada por Guy Waters, *Justification and the new perspective on Paul: a review and a response* (Phillipsburg: P&R, 2004), p. 154-6, 193, e por Wayne Grudem, "The perspicuity of Scripture", *Themelios* 34 (2009): 297.

com atenção, poderá descobrir o enredo básico da Criação, da Queda, dos patriarcas, de Israel, de Jesus, da igreja e do fim de todas as coisas. Você pode obter uma compreensão básica da Bíblia sem aprender aramaico antigo, obter um doutorado em egiptologia ou ir a uma escavação de verão em Pérgamo, na Turquia moderna. Você também pode ter uma ideia básica de quem é Deus, quem é Jesus, do que significa a igreja, do que é o evangelho e entender os fundamentos do discipulado. Uma compreensão rudimentar da Bíblia pode ser alcançada por meio de uma leitura atenta e cuidadosa dela, estando atento a como o enredo da Bíblia progride e observando como a Bíblia efetivamente interpreta a si mesma. Além disso, temos a obra iluminadora do Espírito Santo, por meio de quem Deus nos traz entendimento à mente para que possamos compreender e aplicar tudo o que Deus nos diz nas Escrituras. Assim, uma compreensão básica e suficiente da Bíblia pode ser alcançada sem que se conquiste um doutorado em literatura judaica do Segundo Templo.

No entanto, se você lê a Bíblia do zero, e ainda é um pouco iniciante na leitura, o fato é que terá grandes perguntas que não poderá responder. Onde está "Sitim" e quem são os "moabitas" (Números 25:1), qual é a diferença entre "Israel" e "Judeia" durante o período da monarquia dividida (1Reis 12:20,21), o que aconteceu no intervalo entre Malaquias e Mateus (cerca de quatrocentos anos!), quem eram os "herodianos" (Marcos 3:6), e qual candidato presidencial devo identificar como a "Mãe das Prostitutas" (Apocalipse 17:5)? É exatamente por isso que as Bíblias de estudo são tão populares e tão importantes: elas têm notas que explicam todas aquelas coisas técnicas que você não tem ideia de por onde começar a procurar.

Além disso, se você está lendo a Bíblia sozinho, isso é ótimo, mas você também deve ler a Bíblia como parte de uma comunidade, com sua igreja, com um grupo de amigos ou até mesmo em família. Nesse tipo de ambiente, você encontrará pessoas que estão lendo a Bíblia há mais tempo do que você, e aprenderá algumas coisas que elas aprenderam sobre os antecedentes históricos e contextuais. Sim, embora os protestantes não gostem de ter de confiar em um professor ou papa para lhes dizer em que acreditar e eles geralmente afirmem a inteligibilidade das Escrituras, eles também sabem que essa inteligibilidade não é distribuída uniformemente pela Bíblia. Por essa razão a Confissão de Fé de Westminster (1649) e a Confissão Batista de Londres (1689) declaram:

> Todas as coisas nas Escrituras não são igualmente claras em si mesmas, nem igualmente claras para todos; contudo, as coisas que são necessárias para serem conhecidas, cridas e observadas para a salvação são tão claramente propostas e abertas em algum lugar das Escrituras, que não somente os instruídos, mas os indoutos, no devido uso dos meios ordinários, podem atingir uma compreensão suficiente delas.[14]

Então, sim, descobrir como corrigir-se diante de Deus lendo a Bíblia é bem simples, mas depois disso, você pode precisar de um desses homens e mulheres nerds chamados "professores" ou "pastores" para ajudá-lo a entender as coisas. Então, em casos extremamente raros e técnicos, talvez você precise de um estudioso bíblico, filólogo ou arqueólogo para ajudar também. De tempos em tempos, todos nós precisamos de um Filipe para correr ao lado de nossa carruagem para responder nossas perguntas sobre o que estamos lendo nas Escrituras (Atos 8:26-36). Além disso, eu não negaria a obra iluminadora do Espírito em ajudar os cristãos a obter uma compreensão básica e adequada da Bíblia. No entanto, ao mergulharmos na cultura, nos textos e nos artefatos do mundo antigo, damos mais componentes ao Espírito Santo para trabalhar, no sentido de nos abrir a mente e o coração para as questões centrais sobre as quais os autores bíblicos estavam falando.

---

[14] WCF 1.7; LBC 1.7.

> D. A. Carson sobre por que precisamos conhecer o contexto histórico:
>
> Deus se revelou a nós nas Escrituras, em determinadas pessoas, em determinada linguagem, em particular na história do espaço-tempo — é uma revelação histórica. E assim mesmo quando você faz sua filologia, quando está fazendo seus estudos de palavras, está perguntando o que essas palavras significavam na época, está perguntando como funciona a sintaxe grega. Mas quando eles [os autores da Bíblia] usam [certas] expressões, quando há um véu sobre o rosto de alguém, ou quando uma mulher entra e lava os pés de Jesus com o cabelo quando ele está à mesa, alguém tem de explicar isso em algum lugar.[15]

MINHA MELHOR DICA:
LEIA COISAS ANTIGAS

Se eu pudesse chocá-lo com um argumento retórico — e talvez eu devesse — eu iria tão longe a ponto de dizer que quem conhece apenas a Bíblia, e não a história mais ampla da antiguidade, não conhece a Bíblia de fato. Conhecer a Bíblia é conhecer seu mundo, porque o significado é determinado pelo contexto, e o contexto é o que nos salva de graves erros de interpretação. Então, em vez de ler livros comerciais populares como *Socorro! Estou preso em um romance cristão*, ou *Dez abrigos fiscais bíblicos*, ou *40 dias para melhorar sua vida de oração com o código de Jabez*, mergulhe na literatura do mundo antigo.

> ### COMO COMEÇAR A APRENDER SOBRE
> ### O CONTEXTO BÍBLICO: UMA AMOSTRA
>
> - Ouça *The lost world of Genesis one* [O mundo perdido de Gênesis 1], de John Walton (InterVarsity Press), em audiolivro.
> - Assista a "Historical setting of Isaiah" [Contexto histórico de Isaías], de Andrew Abernethy (Ridley College), no YouTube.

---

[15] Citado em Jonathan Parnell, "Serving to Master Two? — historical background and the Bible", *Desiring God*, July 27, 2011, disponível em: www.desiringgod.org/articles/serving-to-master-two-historical-background-and-the-Bíblia.

- Ouça a "Introduction to ancient Greek history" [Introdução à história da Grécia antiga], de Donald Kagan, podcast da Universidade de Yale.
- Leia 1 e 2Macabeus na English Common Bible.
- Assista a "Encountering the Holy Land" [Encontro com a Terra Santa], no serviço de streaming MasterLectures, da Zondervan.
- Leia 1Enoque 37—71 do Antigo Testamento pseudepígrafo, editado por James Charlesworth.
- Ouça o audiolivro "The Dead Sea Scrolls" [Os Manuscritos do Mar Morto], de Gary Rendsburg (Audible).
- Assista ao DVD *The New Testament you never knew* [O Novo Testamento que você nunca conheceu] ou faça o download da Zondervan.
- Leia *War of the Jews* [Guerra dos judeus], de Josefo, na Biblioteca Clássica Loeb.
- Leia a *Epistle to Diognetus* [Epístola a Diogneto] em uma tradução de Michael Holmes ou Rick Brannan.

Para tirar mais proveito de sua leitura da Bíblia, você não precisa ter doutorado em literatura e religião antigas; você só precisa começar a ler obras antigas para colher alguns dos benefícios de ter um conhecimento melhor do contexto bíblico. Vou fazer um trocadilho de uma frase famosa de um personagem de determinado programa de TV: "Leio e depois sei das coisas!".[16] Então, se você quer conhecer melhor a Bíblia, leia mais histórias *sobre* o mundo antigo e especialmente histórias *provenientes* do mundo antigo. Meu conselho é que você se torne um leitor abrangente que inclua leituras regulares do mundo antigo em sua dieta de leitura.

Leia um pouco de Josefo, os Manuscritos do Mar Morto, os Apócrifos, as histórias de Tácito, os pais apostólicos. Ou assine uma revista bíblica e arqueológica. Assista a alguns vídeos do YouTube sobre os persas e os gregos. Encontre um bom podcast ou serviço de streaming sobre o mundo no período bíblico. Obtenha uma boa Bíblia de estudo sobre

---

[16] Alusão à frase, em *Game of thrones*, "I drink and I know things" [Bebo e passo a saber de coisas], do personagem Tyrion Lannyster. (N. E.)

história e arqueologia. Consulte algumas obras de referência sobre o contexto bíblico. Essas coisas são o que aumentará a profundidade e sofisticação de sua leitura das Escrituras e produzirá insights exegéticos, transformação teológica e talvez até bênçãos espirituais.

O proeminente estudioso do antigo judaísmo e cristianismo, James H. Charlesworth, disse certa vez que herdou várias bibliotecas de estudiosos e pastores cristãos que haviam falecido e em cada uma delas havia uma cópia da tradução de William Whiston das *Complete works of Josephus* [Obras completas de Josefo].[17] Nossos antepassados na fé sabiam o valor de usar as fontes históricas da era apostólica em seu estudo da palavra de Deus — assim como nós deveríamos também. Isso melhorará sua leitura da Bíblia imediatamente, o que, por sua vez, moldará sua teologia, discipulado e ministério.

LEITURA RECOMENDADA

ARNOLD, Clinton. *Zondervan illustrated Bible backgrounds commentary* (Grand Rapids: Zondervan, 2016). 5 vols.

BEERS, Holly. *A week in the life of a Greco-Roman woman* (Downers Grove: InterVarsity, 2019).

BOCK, Darrell L.; HARRICK, Gregory J. *Jesus in context: background readings for Gospel study* (Grand Rapids: Baker, 2005).

DODSON, Derek; SMITH, Katherine E. *Exploring Biblical backgrounds: a reader in history and literary contexts* (Waco: Baylor University Press, 2018).

EVANS, Craig A.; PORTER, Stanley E., orgs. *Dictionary of New Testament background* (Downers Grove: InterVarsity, 2000).

KEENER, Craig S. *The IVP Bible background commentary: New Testament* (Downers Grove: InterVarsity, 2014).

---

[17] James Charlesworth, *Jesus within Judaism: new light from exciting archaeological discoveries* (New York: Doubleday, 1989), p. 90 [edição em português: *Jesus dentro do judaísmo: novas revelações a partir de estimulantes descobertas arqueológicas*, 3. ed. (Rio de Janeiro: Imago, 1992)].

_____. *Comentário histórico-cultural da Bíblia: Novo Testamento* (São Paulo: Vida Nova, 2017). Tradução de: The IVP Bible background commentary: New Testament

WALTON, John H.; MATTHEWS, Victor H.; CHAVALAS, Mark. *The IVP Bible background commentary* (Downers Grove: InterVarsity, 2000).

_____. *Comentario histórico-cultural da Bíblia: Antigo Testamento* (São Paulo: Vida Nova, 2017). Tradução de: The IVP Bible background commentary: Old Testament.

CAPÍTULO 5

DEVEMOS INTERPRETAR A BÍBLIA DE FORMA SÉRIA, MAS NEM SEMPRE DE FORMA LITERAL

Normalmente eu me abstenho de corrigir a fala das pessoas. No entanto, meu limite de tolerância é a palavra "literalmente". Não me importa quantos amigos eu perca, quantos olhares estranhos eu receba ou se meus alunos me consideram soberbo e pedante. Devo impedir que as pessoas usem a palavra "literalmente" de maneira literalmente errada.

> Por causa do uso excessivo e indevido da palavra "literalmente", ela agora recebe dois significados na maioria dos dicionários: (a) de maneira ou sentido literal; exatamente; e (b) usado para ênfase, embora não seja literalmente verdadeiro.

Por exemplo, talvez você tenha testemunhado ou até participado de conversas que se desenvolveram de forma semelhante a esta:

— Eu morri, eu literalmente morri! —, ele disse com ambas as mãos levantadas enfaticamente, falando para o nosso grupo sobre um incidente muito embaraçoso.

— Não, não, você não morreu "literalmente" —, respondi com firmeza. — Se você tivesse morrido, você não estaria aqui para nos contar sobre isso de uma forma tão dramática, estaria?

— Poxa, Mike, ótima maneira de acabar com uma história legal —, ele retrucou enquanto todos os outros reviravam os olhos para mim.

Infelizmente, quando se trata do significado de "literalmente", estou travando uma batalha perdida. Isso porque, de acordo com muitos dicionários hoje em dia, a palavra "literalmente" foi ajustada e ampliada para refletir o uso popular entre as pessoas. Em outras palavras, o uso incorreto da palavra "literalmente" foi literalmente adicionado ao dicionário. A palavra "literalmente" agora significa (1) algo verdadeiro de maneira literal ou em sentido exato; ou (2) uma forma de ênfase mesmo que não seja literalmente verdadeira. Eca! É como se os comitês de dicionários tivessem sido tomados por saqueadores analfabetos comprometidos em roubar a língua de todas as suas sensibilidades e maneiras... ou possivelmente por adolescentes que oferecem à língua o mesmo grau de respeito que os invasores vikings demonstraram às Hébridas escocesas.

Em que esse pedacinho de informação se relaciona com a Bíblia? Bem, muitos bons cristãos se orgulham de interpretar a Bíblia literalmente, e eles consideram literalmente no sentido apropriado de "literalmente" — fiel à palavra e à letra. Um compromisso com o chamado literalismo bíblico pretende ser um antídoto contra as chamadas interpretações liberais de textos bíblicos. No entanto, posso garantir que ninguém — nem o fundamentalista que bate no púlpito nem o conservador obstinadamente doutrinário — interpreta a Bíblia de maneira inabalável, coerente, uniforme e estritamente literal. Você não consegue. É impossível fazer isso, a menos que você acabe aceitando inúmeros absurdos. Permita-me provar isso para você, pois quero apresentar uma interação bastante típica que tenho com alunos do seminário de tempos em tempos:

> — Eu interpreto a Bíblia de forma literal —, disse-me orgulhosamente um jovem barbudo e de óculos, de vinte e poucos anos.
>
> — Mmm, não, na verdade você não interpreta a Bíblia literalmente! —, respondi.

— Aham, sim, interpreto, sim, obrigado!

— Bem, quando Jesus diz: "Eu sou a porta" (João 10:9), e "Eu sou a videira verdadeira" (João 15:1), você acha que Jesus é *literalmente* uma porta de madeira de 1,80 m, feita de mogno? Ou *literalmente* uma videira emaranhada na encosta de uma colina cheia de suculentas uvas vermelhas?

— Não, claro que não; isso é tolice. Quero dizer que a Bíblia normalmente deve ser interpretada de uma maneira literal, gramatical-histórica e de bom senso.

— Gramático-histórico? Normalmente? Mesmo? Não tenho tanta certeza, irmão! Por exemplo, quando o apóstolo Paulo diz "estas coisas" — referindo-se a Gênesis 16 a 21 que relatam a história de Abraão, Sara, Agar e seus filhos Jacó e Ismael — devem ser tomadas "alegoricamente", você está sugerindo que Paulo estava errado e devemos ler deliberadamente contra sua própria estratégia de leitura apostólica? E o que dizer de 1Coríntios 9:9,10 quando Paulo explica Deuteronômio 25:4 sobre não amordaçar um boi enquanto ele está pisando o grão e ele faz uma aplicação num sentido espiritual ou social de compartilhar os recursos materiais que temos com os outros? Você repreenderia Paulo por sua interpretação espiritualizada e socialista da legislação mosaica sobre a criação de animais?

O jovem fez uma longa pausa, sua mente ponderando, pensando em uma resposta ou contraexemplo. Antes que ele o fizesse, acrescentei:

— E eu ainda nem comecei a falar sobre os problemas de interpretar o livro de Apocalipse de forma literal. Em um lugar, João nos diz que seu livro deveria ser lido espiritualmente, pelo menos em relação a Jerusalém, onde as duas testemunhas morrem, porque na visão de João a cidade de Jerusalém passou a representar e a ensaiar a idolatria e a rebelião da antiga Sodoma e Egito (Apocalipse 11:8). E você acredita que João achava que Jesus realmente tem as palavras "Rei dos reis e Senhor dos senhores" tatuadas em sua perna (Apocalipse 19:16) e uma espada voadora que sai de sua boca (19:15,21)? Acho que não. Poderíamos também falar sobre as parábolas de Jesus ou sobre o livro de Cântico dos Cânticos, ou os salmos imprecatórios".

INTEPRETAR A BÍBLIA DE FORMA SÉRIA NEM SEMPRE É INTERPRETAR A BÍBLIA DE FORMA LITERAL

Ninguém, e quero dizer ninguém mesmo, pode oferecer uma interpretação sistematicamente literal da Bíblia. Para mim, essa questão sobre interpretar a Bíblia de forma literal, embora muitas vezes tratada como uma marca de conservadorismo, é simplesmente uma pista falsa e uma distração inútil da verdadeira luta para discernir a vontade de Deus nas Sagradas Escrituras. A VERDADEIRA QUESTÃO NÃO É SE INTERPRETAMOS A BÍBLIA DE *FORMA LITERAL*, MAS SE A INTERPRETAMOS DE *FORMA SÉRIA*. Levamos a sério sua linguagem, seus contextos históricos, seus gêneros, suas complexidades, os problemas que nos apresenta, seu poder inspirador, sua beleza, a natureza árdua de suas ordenanças, sua distância histórica e estranheza cultural, seu enredo, como o Novo Testamento usa o Antigo, como a igreja a compreendeu através dos séculos e como viver obedientemente sob suas promessas? Isso é o que importa, não um compromisso com algum tipo de padrão-ouro interpretativo chamado literalismo bíblico. A fé cristã não requer literalismo bíblico; em vez disso, requer um esforço sério e sóbrio para lidar com sua importância — e isso muitas vezes é mais do que podemos suportar! É por isso que estudamos a Bíblia como parte de uma comunidade, uma comunidade ao nosso redor com professores e pastores, com membros que já entraram na Jerusalém celestial antes de nós e cuja sabedoria coletiva é nossa herança.

A seguir, explicarei como levar a Bíblia a sério, não por meio de um rigoroso literalismo, mas pela compreensão do "significado" e fornecerei algumas dicas de interpretação.

A QUESTÃO DO SIGNIFICADO E O SIGNIFICADO DA QUESTÃO

Você já teve uma discussão ou desacordo com alguém sobre o significado de um texto bíblico? Provavelmente já ouviu declarações como "Acho que o que João quer dizer é..." ou "Para mim, isso significa..." ou "Não, eu não acho que é isso o que o texto está dizendo." No entanto, vamos voltar por um segundo e fazer uma pergunta mais básica. O que é "significado"? Quando dizemos que um texto "significa" algo, o que estamos dizendo? Quando falamos de "significado", o que queremos dizer "literalmente" com isso? Como acontece o significado? Onde o significado pode ser encontrado?

Dois tipos de compreensão

Acho que pode ser útil se distinguirmos a interpretação como COMPREENSÃO LITERÁRIA da interpretação como IMPORTÂNCIA E APLICAÇÃO.

Primeiro, quando você lê algo como "quando Jesus entrou em Cafarnaum, um centurião veio a ele, pedindo ajuda", você compreende e entende que o texto está lhe dizendo que Jesus entrou em uma aldeia da Galileia chamada Cafarnaum e enquanto estava nas proximidades de Cafarnaum, um centurião veio e pediu a ajuda de Jesus (Mateus 8:5). Em sua mente, você inconscientemente analisa, explica e parafraseia as informações apresentadas em um texto bíblico. Dessa forma, você pode repetir as informações quando solicitado. Isso é interpretação como compreensão básica do texto.

Em segundo lugar, além da compreensão literária, há também um tipo de compreensão relacionada à importância, ou seja, a pensar nas implicações de um texto e nas várias maneiras pelas quais ele pode ressoar para você. Aqui, a compreensão vai além da assimilação de informações básicas e é um tipo de associação que você faz, conscientemente ou não, entre um texto bíblico e outras coisas que você tem em sua própria enciclopédia mental. Nesse caso, estamos perguntando o que esse versículo, essa passagem, esse capítulo ou esse livro me lembra, me faz pensar e com o que me faz relacionar? Veja bem, o significado é a rede de conexões que fazemos entre um texto, outros textos e nossas experiências no mundo. O significado de determinado texto é apenas todas as informações relacionadas que se acendem dentro de sua cabeça enquanto você lê um texto. O que um texto significa para você é basicamente o que está acontecendo dentro da sua mente quando tenta colocá-lo em relação ao que você já sabe. Como as informações do texto se relacionam com o que você já acredita e sabe intuitivamente? Além disso, as informações adquiridas na leitura de um texto são então adicionadas ao seu conjunto geral de conhecimento literário e arquivadas cognitivamente até que uma experiência posterior exija que você as relembre.

Por exemplo, quando leio a Parábola dos Arrendatários Iníquos em Marcos 12:1-12, várias coisas me vêm à mente:

- A parábola também se encontra em diferentes versões em Mateus, Lucas e até no Evangelho de Tomé §65.
- A parábola parece repetir Isaías 5 onde Israel é a vinha e Deus é o dono da vinha.
- A parábola funciona como outra predição da paixão de Jesus, muito parecida com Marcos 8:31; 9:12,31; e 10:33,34.
- O filho que é capturado, morto e expulso da vinha obviamente representa Jesus, e os arrendatários perversos são a liderança de Jerusalém.
- A conclusão é o versículo 9 com as palavras: "O que fará então o dono da vinha? Virá e matará aqueles lavradores e dará a vinha a outros", o que torna a parábola uma profecia de julgamento contra os principais sacerdotes, os mestres da lei e os anciãos.
- A maioria das parábolas que Jesus contou no Evangelho de Marcos está no contexto do conflito com seus rivais sociais e religiosos.
- O salmo 118, citado no final da parábola, é um dos salmos mais citados em todo o Novo Testamento.
- Este seria um texto difícil de pregar porque a aplicação não salta automaticamente para você. Talvez tenha de criar a ideia de:

"Não seja um inquilino perverso", ou talvez, "Aproveite a vinha que Deus deu a você".

- Acho que vi alguém fazer um bom discurso infantil sobre essa passagem, ou com seu paralelo, em Mateus, no YouTube.

E isso, à primeira vista, é o que Marcos 12:1-12 e a Parábola dos Arrendatários iníquos significam para mim. No entanto, isso obviamente não é tudo o que pode significar e tudo o que significa. Outras pessoas — passadas, presentes e futuras — podem identificar outras ressonâncias, sentidos e aplicações além do que eu disse.

A Trindade do significado: Autores, Textos e Leitores

Então, "significado" é a maneira, em certo sentido, como assimilamos a história básica dentro de um texto ou as características de um argumento que um texto apresenta. Mas, em outro sentido, o significado é o que eu lembro e penso quando leio um texto. No entanto, se eu puder aumentar um pouco a intensidade, os intérpretes bíblicos vão além disso e se preocupam com o lugar preciso do significado em um texto bíblico. De onde vem o significado bíblico? Algumas opções diferentes se apresentam para nós, a saber, o autor, o texto e o leitor! Significado é descobrir qualquer um desses, uma combinação deles, ou algum outro caminho para discernir como os textos dão e recebem significado pelos intérpretes?

Intenção do autor?

Para algumas pessoas, significado é a mesma coisa que INTENÇÃO AUTORAL. Portanto, uma vez que descobrimos o que o autor estava tentando dizer ao seu público, sabemos o que um texto significa. A tarefa do leitor é decifrar, a partir do texto, o que o autor pretendia dizer, e essa é a combinação de todos os significados. Simples! Bem, não exatamente. Dois problemas se apresentam.

Primeiro, o que Deus ou mesmo o autor humano pretendia comunicar em um texto bíblico nem sempre é claro para nós. Não é como se

Deus nos tivesse dado uma chave de respostas no final da Bíblia ou como se pudéssemos entrevistar o autor para verificar se chegamos ao ponto principal. Os autores nem sempre são claros sobre o que estão falando. Por exemplo, o que Paulo quer dizer quando diz: "Se a mulher não cobre a cabeça, deve também cortar o cabelo; se, porém, é vergonhoso para a mulher ter o cabelo cortado ou rapado, ela deve cobrir a cabeça" (1Coríntios 11:6)? Tenho algumas ideias, mas não tenho certeza, e acho que ninguém pode ter certeza da intenção de Paulo aqui.

Em segundo lugar, os autores às vezes podem ser mais sábios do que parecem, e suas palavras muitas vezes podem assumir um significado além do que pretendiam. Considere isto: o profeta Isaías pensou que o Servo Sofredor (apresentado em Isaías 53) se referia a Israel, a si mesmo, a alguma pessoa não especificada ou a Jesus? Se você ler o livro de Isaías, o Servo parece ser Israel ou um profeta que representa Israel, mas a profecia ganhou vida própria entre judeus e cristãos dos séculos seguintes. Os cristãos naturalmente identificam Isaías 53 como sendo Jesus! Portanto, os textos podem e significam muito mais do que o autor poderia ter desejado. Os textos podem carregar um significado além do que o autor pretendia originariamente e podem também, quando alcançam um conjunto específico de experiências em seus leitores, despertar certo significado muito além do que o autor imaginaria. Não há nada de radical ou estranho nesse ponto. Apenas confirma o que sabemos: o significado é uma questão de contexto. A leitura de alguns dos mandamentos bíblicos sobre a escravidão (p. ex., Levítico 19:20; 25:44-46; Deuteronômio 23:15) despertará coisas diferentes para os colonos anglo-saxões brancos na América colonial do século 19 do que para as igrejas americanas urbanas e multiculturais do século 21.

Dentro do texto?

Para outras pessoas, o significado é sobre a história, a retórica e a dinâmica DENTRO DE UM TEXTO. O significado é totalmente independente da intenção do autor e encontra-se exclusivamente no texto com suas várias possibilidades. A tarefa da interpretação, então, é descobrir as características históricas e o poder persuasivo do texto. Esqueça o autor, deixe o texto falar por si! No entanto, parece estranho ler um texto sem respeitar a intenção do autor e sem examinar como os leitores respondem a ele. Tenho certeza que uma primeira leitura de *Romeu e Julieta* seria uma experiência muito interessante para quem nunca ouviu falar de Shakespeare. Eles poderiam traçar a emoção, o romance e a tragédia da história. No entanto, gostemos ou não, é difícil imaginar o sentido das peças shakespearianas sem considerar o próprio Shakespeare, a Inglaterra elizabetana, sua literatura e o campo de estudos sobre Shakespeare. Os textos não são crianças; eles não podem perambular como quiserem, fazer o que quiserem, reclamar e delirar como quiserem; não, os textos têm um pai em seu autor e tutores em seus leitores.

Mãos dos leitores?

Ainda, para outras pessoas, o significado não tem nenhuma relação com o autor ou mesmo com o texto; é TUDO SOBRE O LEITOR. Os autores são inacessíveis, os textos não têm significado predeterminado, e, assim, o significado é criado pelo ato de ler. Para dar um exemplo atrevido, o estudioso Dale Martin gosta de ilustrar esse ponto mostrando um orador dando um passo para trás, uma Bíblia no pódio e o convite por parte dele para as pessoas ouvirem o que a Bíblia "diz" a elas. Depois de alguns momentos de silêncio constrangedor, ele gosta de dizer: "Aparentemente, a Bíblia não pode falar", querendo dizer que: "Os textos não 'dizem' nada: eles devem ser lidos".[1] Martin acredita que, embora os autores tenham objetivos, o propósito autoral não é idêntico ao significado do texto. O significado não é limitado pelo autor ou pelo texto, mas pelo contexto social e pela comunidade do leitor, que é atraído por certas formas de leitura e levado a interpretações particulares.[2] Para os defensores

---

[1] Dale Martin, *Sex and the single Savior: gender and sexuality in biblical interpretation* (Louisville: Westminster John Knox, 2006), p. 5.
[2] Martin, *Sex and the single Savior*, p. 6, 14-5.

de abordagens centradas no leitor para interpretar as Escrituras, você pode ter várias leituras, mas nenhuma leitura "correta" do texto, porque cada pessoa e comunidade tem sua própria verdade que pode encontrar no texto. Isso resulta em uma explosão de diversas abordagens para ler a Bíblia, onde a Bíblia passa a significar algo diferente para cada pessoa ou cada grupo. Você pode ter interpretações feministas, *queer*, afro-americanas, pós-coloniais, mulheristas, liberacionistas e marxistas. As possibilidades são ilimitadas; você pode até ter uma leitura evangélica-estoniana-ecológica-emo de Levítico que é tão válida quanto a leitura de qualquer outra pessoa. Ou então, você pode recuar para um tipo de individualismo estrito: "Isto é o que a Bíblia significa para mim, o que ela diz ao meu coração e como ela fala comigo".

Agora, devemos admitir que os textos podem ser, em certo sentido, abertos — carregando todos os tipos de possibilidades de significado, provocando uma série de respostas de diversos leitores e sendo lidos de forma diferente dentro de diversas comunidades. Não há dúvida de que sua situação pessoal, sua localização, sua cultura, sua história e quaisquer grupos aos quais você pertença moldam a maneira de você ler livros como a Bíblia. Considero isso algo notório, e uma coisa boa, pois ler a Bíblia por meio dos olhos de outras pessoas, pode ser extraordinariamente enriquecedor.

O problema é que uma abordagem estritamente centrada no leitor para encontrar significado em um texto pressupõe que os leitores sejam autônomos e absolutos, enquanto os textos nada mais são do que um espelho ou uma câmara de eco. Se assim for, então tudo o que você vê ou ouve em um texto é o que você e sua comunidade trazem consigo. No entanto, parece óbvio que a leitura é uma experiência transformadora justamente porque há algo "diferente" no texto, algo diferente de nós mesmos, que nos desafia e nos transforma por meio de nosso ato de ler. Torna-se possível ler contra os pressupostos de sua própria comunidade e usar textos para criticar seu próprio contexto, contestar certas regras e até mesmo desafiar sua própria maneira de pensar! Além disso, como corrigimos leitores ruins ou que estejam errados se não por referência ao autor e ao texto? Como você rejeita, digamos, uma leitura da Bíblia que apoie a escravidão, a segregação, a violência e a opressão, se não por referência ao autor, ao texto e a outros leitores? Se o leitor está sempre certo porque isso é "verdade para ele", então você não pode criticar ou desafiar qualquer interpretação visto que todas as interpretações são tratadas como igualmente válidas e autovalidadas. Somos forçados à posição de que as ordenanças bíblicas contra os hebreus se casando com cananeus (p. ex., Deuteronômio 7:2-4; Josué 23:12,13; Esdras 9:14) podem ser usadas para legitimar o preconceito contra casais inter-raciais se essa for a estrutura ou pressuposto que alguns leitores têm!

No entanto, a Bíblia nos convida a agir muitas vezes de maneira contrária a nossa cultura, contra nossas suposições, nossas próprias comunidades — isso é visto particularmente nos mandamentos de amar a Deus e amar ao próximo —, de modo que o texto pode e deve colocar limites aos significados que leitores podem dar a ele.

Onde está o significado?

Então, onde reside o significado: no autor, no texto ou no leitor? Na minha opinião, a interpretação — acessando o que chamamos de "SIGNIFICADO" — ABRANGE A UNIÃO DOS TRÊS HORIZONTES. Levamos em conta a *intenção* dos autores, a *dinâmica* dentro dos textos e a *compreensão* dos leitores, e o que chamamos de "significado" ocorre na união desses três. Em última análise, o significado é a rede de conexões que fazemos com o mundo por trás do texto (o horizonte do autor), o mundo dentro do texto (o horizonte literário) e o mundo que habitamos na frente do texto (o horizonte do leitor). Quanto mais conexões fazemos e quanto mais espessas essas conexões aparentem ser, mais preferível se torna um significado particular atribuído ao texto, pois elucida-nos acerca das características que cercam nossa experiência de leitura.[3]

---

[3]Veja Anthony C. Thiselton, *The two horizons: New Testament hermeneutics and philosophical description with special reference to Heidegger, Bultmann, Gadamer and Wittgenstein* (Grand Rapids: Eerdmans, 1980), p. 439-40.

Assim, uma boa interpretação, ou uma forma preferencial de significado, é algo que dá sentido à intenção do autor em seu contexto histórico, seja o antigo Israel ou a igreja primitiva; é algo que explica e descreve todas as afirmações e descrições dentro do texto; e é algo que se relaciona à nós leitores. No quadro geral, o significado inclui o que o autor nos diria agora, como os textos bíblicos nos desafiam e estimulam, e como nossas igrejas hoje deveriam responder a determinado texto.

DICAS PARA INTERPRETAÇÃO

Uma das dicas que dou a leigos e estudantes para a compreensão do texto bíblico é o bordão "C4". Não, não me refiro a um tipo de explosivo plástico. Em vez disso, quero dizer quatro palavras que começam com a letra c: contexto, conteúdo, cuidado e contextualização. C4 é o que você deve ter em mente ao ler a Bíblia.

Contexto

Primeiro, há a importância do CONTEXTO. O famoso acadêmico metodista Ben Witherington gosta de dizer: "Um texto sem contexto é apenas um pretexto para o que você quer que ele signifique".[4] Vale a pena memorizar essa frase, pois todos conhecemos o problema de tirar algo do contexto, seja a frase de um livro, uma piada, algo de um período histórico anterior ou até um comentário que eu faça sobre a comida da minha esposa. O contexto é realmente o rei da interpretação, visto que é a atmosfera histórica e literária na qual a comunicação ocorre. Toda a comunicação é contextual e moldada por múltiplos contextos, incluindo o cenário histórico do texto, os próprios ambientes literários e o contexto canônico mais amplo.

> Ben Witherington demonstra como a atenção ao contexto pode ajudar a evitar interpretações estranhas:

---

[4] Ben Witherington, *The living Word of God: rethinking the theology of the Bible* (Waco: Baylor University Press, 2009), p. 70.

Recebi um telefonema há mais de vinte anos de um membro de uma das minhas quatro igrejas Metodistas da Carolina do Norte no meio do estado. Ele queria saber se havia algum problema em procriar cães, pois seu colega carpinteiro disse a ele que em algum lugar da KJV o povo de Deus não deveria fazer isso. Eu disse a ele que procuraria todas as referências a cachorros na Bíblia e analisaria isso a fundo. Não havia nada de relevante no NT, mas então deparei com esta tradução peculiar de um versículo do AT — "Não procriarás com os cães".

Liguei para o membro da minha igreja e disse a ele: "Tenho boas e más notícias para você". Ele pediu as boas notícias primeiro. Eu disse: "Bem, você pode criar quantas dessas criaturas peludas de quatro patas quiser, não há nada na Bíblia contra isso". Ele então perguntou qual era a má notícia. "Bem", eu disse, "há um versículo que chama as mulheres estrangeiras de 'cachorros' e adverte os israelitas a não procriar com elas". Houve um grande silêncio do outro lado da linha, e finalmente o sr. Smith disse: "Bem, estou me sentindo muito aliviado; minha esposa Betty Sue é da mesma rua que eu em Chatham County!".[5]

Já observamos a importância de conhecer um pouco do CONTEXTO HISTÓRICO no capítulo 4 sobre os antecedentes históricos dos textos bíblicos. Se somos leitores sábios da Bíblia, sabemos que estamos lidando com documentos antigos e a maneira correta de compreendê-los, adentrá-los e tirar maior proveito é entender esses textos no contexto antigo. Isso significa, entre outras coisas, valer-se de recursos para ajudá-lo a entender um texto em seu próprio cenário histórico.

Devemos também compreender o CONTEXTO LITERÁRIO do texto, ou seja, seu cenário literário imediato. Isso é fundamental para obter uma interpretação adequada do texto. Caso contrário, você acaba apenas extraindo palavras aleatoriamente do contexto e usando-as da maneira maluca que desejar. Sempre dou uma risadinha quando vejo uma igreja que tem uma placa na frente com as palavras memoráveis

---

[5]Ben Witherington, "Hermeneutics—what is it, and why do Bible readers need it?", *Ben Witherington on the Bible and culture*, disponível em: www.beliefnet.com/columnists/bibleandculture/2008/10/hermeneuticswhat-is-it-and-why-do-bible-readers-need-it.html.

de Salmos 46:10: "Parem de lutar! Saibam que eu sou Deus". Muitos pastores e pessoas da igreja tratam esse versículo como se dissesse que devemos relaxar por um momento longe das ocupações da vida, parar e descansar, encontrar um lugar tranquilo, desfrutar de um pouco de serenidade e paz e refletir sobre como Deus é maravilhoso. O problema é que a paz interior e os sentimentos de tranquilidade em nada se relacionam com esse versículo. Trata-se de sentar e ver Deus esmagar seus inimigos, pois ele não permitirá que as nações que se opõem aos filhos de Jacó triunfem sobre eles. Sim, fique quieto e saiba que Deus é Deus... enquanto ele desencadeia um julgamento apocalíptico sobre seus adversários. Ou considere Mateus 18:20, onde Jesus disse: "Pois onde se reunirem dois ou três em meu nome, ali eu estou no meio deles". Portanto, mesmo que apenas duas ou três pessoas compareçam à reunião de oração ou ao almoço do pastor, Deus ainda está com você. Talvez, mas em Mateus 18 o discurso é sobre disciplina e excomunhão na igreja. Quando dois ou três se reúnem para aplicar alguma disciplina a um membro rebelde da igreja, sim, Deus está realmente com eles. Um exemplo final é o conhecido convite de Jesus em Apocalipse 3:20: "Eis que estou à porta e bato. Se alguém ouvir a minha voz e abrir a porta, entrarei e cearei com ele, e ele comigo". Essas intensas palavras têm sido usadas em muitos folhetos e sermões evangelísticos; no entanto, eles são realmente parte de um chamado para uma comunhão mais profunda com Cristo feitos à igreja de Laodiceia, não um convite evangelístico.

Há também o CONTEXTO CANÔNICO, que significa ler cada livro da Bíblia não como um documento independente, mas como parte de um corpo literário maior e diferente, o cânon bíblico. Cada texto bíblico tem seu lugar dentro do enredo único da história redentora, conforme estabelecido de Gênesis a Apocalipse. Isso tem implicações em como consideramos passagens como Gênesis 3:15 (a descendência de Eva esmagará a cabeça da serpente) e seu cumprimento projetado em Jesus de acordo com Apocalipse 12 (Cristo e o povo de Deus derrotarão o dragão). Além disso, o pessimismo sobre a vida após a morte em Eclesiastes 9 precisa ser equilibrado com a esperança de vida eterna no Evangelho de João, Romanos 8:31-39 e Apocalipse 21 e 22. Nossa interpretação de uma parte da Escritura precisa ser fundamentada, equilibrada ou mesmo corrigida pela leitura de outras partes.

É claro que, ao adotar essa abordagem canônica, há o perigo de nivelarmos o que é característico em um livro bíblico ou impormos a ele as conclusões de nossas leituras canônicas mais amplas! Olha só, eu tive alunos que insistiram que Daniel 7, com sua descrição da vinda do Filho do Homem, absoluta, verdadeira e definitivamente tem de ser sobre a segunda vinda de Jesus porque Mateus 24 é a interpretação correta de Daniel 7. Para ser sincero, acho que Daniel 7 em nada se relaciona com a segunda vinda de Jesus; trata-se da reivindicação do povo de Deus, do reino de Deus e do rei messiânico de Deus contra e sobre o mundo pagão. Também ouvi sermões pregados sobre o Evangelho de Mateus e as ideias e temas expostos pelo pregador soavam com teor paulino, em vez de ser o próprio Mateus, como se Mateus fosse apenas um pseudônimo para Paulo. Infelizmente, muitas interpretações canônicas não terminam realmente conectando Daniel com Mateus ou conectando Mateus com Paulo; elas acabam apenas distorcendo o primeiro texto bíblico ao ler desajeitadamente outro texto bíblico nele. É uma armadilha em que todos caímos uma vez ou outra.

Também podemos apontar que certas tensões canônicas exigem resolução. Por exemplo, há os mandamentos de Deus para matar os inimigos tribais de Israel em Deuteronômio *versus* o ensinamento de Jesus de amar nossos inimigos em Mateus. Paulo faz argumentos acalorados sobre a justificação pela fé, enquanto Tiago afirma que a fé sozinha não justifica. Ou apelos pela preservação da pureza étnica de Israel em Esdras que vão contra a afirmação de Paulo de que a igreja deveria ser uma comunhão de crentes multiétnicos. Não devemos nos surpreender com essas tensões textuais pois a Bíblia não é tanto um único livro, mas uma biblioteca da história nacional e religiosa de Israel, a história de Jesus e o resíduo literário dos primórdios da igreja cristã. Portanto, é normal que esperemos certa diversidade com essa multiplicidade de vozes encontradas na Bíblia.

Mas aqui está o ponto principal a ser considerado: deixe cada texto ser ele mesmo, tente entendê-lo em seus próprios termos, leve sua individualidade a sério, mas depois disso, não tenha medo de colocá-lo em conversa com o cânon bíblico mais amplo. É de fato desejável que usemos todo o cânon bíblico para interpretar mutuamente as partes individuais. Se colocássemos Isaías, Ageu, Paulo, Lucas e João para conversar sobre o significado da criação, da salvação, da ética, da adoração ou do amor, o que cada um traria para a conversa? Isso é interpretação canônica! Usar o contexto canônico significa que buscamos exatamente como cada texto bíblico é genuinamente iluminado, cumprido ou aperfeiçoado ao lê-lo ao lado de todos os outros textos bíblicos. Adotar uma abordagem canônica significa deixar cada parte do cânon bíblico falar por si mesma, mas também usar as Escrituras para interpretar a si mesma, tecendo quaisquer conflitos textuais aparentes para produzir um consenso canônico. Essa abordagem canônica é a verdadeira essência da interpretação protestante! Os primeiros reformadores estavam preocupados em ler as Escrituras à luz do enredo abrangente da Escritura. Eles estavam preocupados em deixar a Escritura interpretar a Escritura em vez de permitir que seu significado fosse estabelecido por uma longa rede de tradições que culminou nas últimas declarações da Santa Sé. A Escritura é o que deu aos reformadores influência contra a corrupção percebida dentro da igreja medieval e sua deturpação de Jesus e dos apóstolos.

Assim, o contexto — histórico, literário e canônico — é de extrema importância para a interpretação; portanto, você deve sempre ler um texto com essas três perspectivas em mente.

Conteúdo

Em segundo lugar, há o CONTEÚDO, onde você se envolve atentamente em uma leitura do texto bíblico, analisa os principais assuntos aos quais o texto se refere e identifica os muitos instrumentos literários contidos no texto. Há muitos componentes para o conteúdo, e explorarei alguns deles abaixo.

Vale a pena conhecer o GÊNERO. O gênero pode se referir a coisas como estilo, tipo, tema, perspectiva ou categoria de algo na arte, música e literatura. Poderíamos dizer que gênero é um conjunto de características textuais reconhecíveis que carregam pistas sobre a intenção do autor ao mesmo tempo em que ativam expectativas no leitor de como certo texto deve ser compreendido. Gênero é como um contrato pré-estabelecido entre autor e leitor sobre como as regras de significado serão aplicadas na leitura do texto. Ele nos diz como um texto se relaciona com o autor, com a realidade e como deve ser aplicado. Um livro que começa com "Era uma vez...", deve ser interpretado de forma diferente de um rótulo em um recipiente de plástico que diz: "Tome três vezes ao dia com as refeições". Na leitura de textos bíblicos, conhecer o gênero de uma narrativa histórica, um salmo, um provérbio, um livro profético, um Evangelho, uma carta ou um apocalipse nos ajudará a entender como o texto se relaciona com a realidade e como devemos nos relacionar com ela. Lutar com um texto bíblico significa conhecer a importância do gênero e entender como o gênero do texto bíblico que você está lendo funciona com suas muitas convenções. Na verdade, eu diria que saber algo sobre o gênero das histórias da criação do antigo Oriente Próximo é essencial para entender Gênesis 1—3, e conhecer os escritos apocalípticos judaicos é obrigatório para entender o Livro de Apocalipse. Caso contrário, você corre o risco de cometer erros de classificação de gênero e interpretar o texto literalmente quando deveria entendê-lo figurativamente, ou o interpreta figurativamente quando deve ser entendê-lo literalmente. Conhecer o gênero de um livro bíblico e conhecer as convenções e expectativas de determinado gênero ajuda a evitar muitos erros de interpretação.

Rastrear os movimentos de uma HISTÓRIA é importante para qualquer análise bíblica, pois muitas partes da Bíblia, de Gênesis a Apocalipse, são uma história. Isso pode incluir caracterização, enredo, tensão, ponto de vista do narrador, observações editoriais, ironia, humor, repetição de temas, tragédia e assim por diante. O objetivo é entender como a história se move — onde residem as tensões e definições e, assim, imaginar o impacto que a história pretende ter sobre os leitores. À medida que lemos histórias bíblicas, seja de 1Reis ou das parábolas de Jesus, o desafio para os leitores é entender como a história cria significado e como devemos nos apropriar da história para nós hoje.

As CARACTERÍSTICAS RETÓRICAS precisam ser observadas porque a Bíblia contém seu próprio conjunto de características retóricas. Por retórica não quero dizer conversa fiada ou exagero; em vez disso, quero dizer como partes da Bíblia procuram persuadir, não apenas para transmitir informações a alguém, mas para mover o leitor em direção a certo ponto de vista. Por exemplo, nos profetas principais e nas epístolas do Novo Testamento, você encontra unidades que usam uma mistura de prosa poética e linguagem emotiva para persuadir os leitores a pensar de determinada maneira, a realizar ações específicas ou a adotar determinada perspectiva. Em Romanos 8, o objetivo de Paulo, por meio de seu complexo argumento, era encher os leitores de esperança, levá-los a resistir à carne e seguir a liderança do Espírito, entender seu próprio lugar na história divina da salvação e inspirá-los com uma visão do amor de Deus. Ou pense no livro de Jeremias, onde o profeta confrontou os leitores por meio de uma prosa dramática cheia de comparações e metáforas sobre o amor da aliança de Deus pelos exilados e explicou como Deus pretendia acabar com seu tempo de luto, restaurar a nação e inaugurar uma nova aliança. Os leitores precisam prestar atenção em como a Bíblia, por meio de imagens e argumentos, comandos e metáforas, tenta conduzi-los a adotar determinado ponto de vista ou determinada forma de comportamento.

> **VOCÊ SABIA?**
>
> As cinco passagens do Antigo Testamento mais citadas e aludidas no Novo Testamento são as seguintes:
>
> Salmos 110:1, Levítico 19:18, Salmos 2:6, Salmos 118:22,23 e Daniel 7:13,14.

Leitores atentos devem prestar atenção à INTERTEXTUALIDADE: como um livro bíblico se refere a outros livros bíblicos. Todo texto é, de alguma forma, um diálogo com um texto anterior. Nós experimentamos isso em nossa própria cultura. Se suspeitarmos que alguém está mentindo, podemos dizer que seu nariz está ficando maior, aludindo à história do Pinóquio. Da mesma forma, os textos bíblicos podem evocar textos bíblicos anteriores. Por exemplo, a profecia de Jeremias de que os exilados esmoreceriam na Babilônia por "setenta anos" (Jeremias 25:11,12; 29:10) é evocada por Daniel em "setenta 'setes'" ou 490 anos, para lidar com o pecado e para estabelecer a expiação (Daniel 9:24). Ou quando Paulo diz que "Cristo, nosso Cordeiro pascal, foi sacrificado", ele traz à tona a história do êxodo e da primeira Páscoa (Êxodo 12; 1Coríntios 5:7). Da mesma forma, a resposta de Jesus a Caifás em seu julgamento: "vereis o Filho do homem assentado à direita do Poderoso vindo com as nuvens do céu" (Marcos 14:62), alude a Daniel 7:13, sobre alguém semelhante ao Filho do Homem vindo ao Ancião dos Dias, e a Salmos 110:1, sobre um rei davídico sendo entronizado ao lado do Senhor de Israel. Às vezes, a intertextualidade pode ser muito dramática e muito importante, como quando Jesus diz: "antes de Abraão nascer, Eu sou" (João 8:58), que é uma alusão ao Senhor anunciando seu nome a Moisés como "Eu Sou o que Sou" (Êxodo 3:14). Portanto, é vital que, ao ler a Bíblia, o leitor esteja constantemente olhando para onde e como os textos bíblicos são citados, as histórias bíblicas são mencionadas e os temas bíblicos são ecoados e retrabalhados. Essas passagens intertextuais são ótimas pistas para o que os autores bíblicos estão tentando fazer (veja o apêndice no final do livro, "Os cinco principais textos do Antigo Testamento no Novo Testamento").

Uma característica significativa do conteúdo de qualquer texto bíblico são as várias EXORTAÇÕES e ORDENS feitas pelos autores. Os escritores bíblicos dizem às pessoas que se envolvam em certos comportamentos e se abstenham de outros, que pensem e ajam de certa maneira, ou que deixem certa postura ou ação longe de suas mentes. Uma das coisas mais fáceis de fazer num estudo bíblico sobre um texto instrucional como Provérbios ou 1João é salientar todas as palavras que emitem comandos e estabelecem expectativas. Em seguida, tente descobrir se as ordens são transferíveis diretamente para nós, se são transferíveis por analogia, requerem uma reinterpretação cultural ou se são limitados ao contexto original.

Por exemplo, "Não matarás" (Êxodo 20:13) é diretamente transferível a nós; nunca é bom matar as pessoas. O versículo: "Ouçam bem o que eu, Paulo, lhes digo: Caso se deixem circuncidar, Cristo de nada lhes servirá" (Gálatas 5:2) é transferível por analogia. Embora seja improvável que você encontre proselitistas judeus em sua congregação ordenando que os homens sejam circuncidados para garantir sua conversão completa, certas pessoas à margem de sua igreja podem tentar defender uma mistura estranha de moralismo e legalismo como forma de ganhar o favor de Deus. O versículo: "Todo homem que ora ou profetiza com a cabeça coberta desonra a sua cabeça" (1Coríntios 11:4) definitivamente requer reinterpretação cultural; ninguém vai confundi-lo como um adorador de deuses gregos e romanos se você orar com um chapéu, capuz ou peruca. Essa exortação pode ser transferida para um princípio geral: não adote um modo de piedade que pareça uma variação das práticas pagãs modernas e certifique-se de que o conteúdo e o estilo de sua adoração honrem a Deus. Um bom leitor das Escrituras prestará a devida atenção a seus muitos mandamentos e discernirá como esses mandamentos são aplicáveis e relevantes para nós e para a igreja hoje.

Em resumo, quando se trata de conteúdo, precisamos conhecer os gêneros bíblicos, o que são, como funcionam e a que devemos prestar especial atenção. Saber sobre o gênero pode nos ajudar a evitar cometer muitos erros. É necessário, também, dedicar atenção às histórias bíblicas: como elas desenvolvem o enredo, personagem e tensão e como chegam a uma resolução. Concentre-se especialmente em como Deus aparece e funciona na história. Em textos mais instrutivos, aprenda a traçar argumentos, observando os pontos principais, o raciocínio e as características retóricas, e o que torna o argumento persuasivo. A intertextualidade, ou como os textos bíblicos citam e fazem alusão a outros textos bíblicos, é extremamente importante. Isso é essencial pois muito do Novo Testamento é baseado em um tipo de repetição de temas do Antigo Testamento. Por fim, atente aos comandos e exortações. Assim, com sua igreja, amigos e família, discirna se e como esses mandamentos podem ser cumpridos em seu próprio contexto.

Cuidado

Eu sei que pode parecer muito básico, mas algo que sempre ajuda os intérpretes quando tentam ir além dos muitos detalhes para encontrar a grande ideia por trás do texto é descobrir qual é a QUESTÃO PRINCIPAL. Simplificando, faça as seguintes perguntas: O que o autor pretende alcançar com o texto? Por que o autor escreveu o texto dessa forma? E que tipo de resposta o autor estava tentando despertar no leitor? Isso é semelhante a encontrar o propósito. Mas, além disso, que tipo de impacto o autor imaginava que seu texto tivesse sobre os leitores e qual a finalidade?

Outra dica simples é perguntar: "Se não tivéssemos esse versículo, parágrafo ou passagem em particular, o que estaríamos perdendo?". É útil poder ler um texto bíblico e identificar a ideia principal, bem como o objetivo e a motivação do autor ao escrever. Não me refiro a adivinhar motivos ou expor um plano secreto escondido por baixo do texto; em vez disso, o que pretendo incentivar é nada mais do que uma atitude de perguntar sobre que tipo de vida moldada por Deus o autor está tentando convencer os leitores a receber por meio desse texto bíblico.

Por exemplo, eu diria que a principal preocupação de Mateus no Sermão do Monte (Mateus 5—7) é expor o ensino de Jesus de uma forma que acentue o cumprimento dos temas do Antigo Testamento, mas também enfatize o caráter inédito e novo de seu ensino. Jesus não está apenas dando a Lei de Moisés 2.0; esse é o manifesto para o reino dos céus. Essa é uma nova lei para um Israel renovado, para um povo da nova era. Ou, para exemplificar de outra forma, a principal preocupação de Marcos 15 não é apenas narrar a história da crucificação de Jesus, mas mostrar, por meio da repetição de uma linguagem pomposa — repetindo as palavras "Rei" e "Messias" —, que é assim que o reino vem em poder, este é Jesus, o Rei Servo, este é o Filho do Homem que dá a sua vida em resgate por muitos. Os leitores precisam desenvolver o hábito de ir além do que está sendo dito e descobrir o que o autor está buscando comunicar!

Contextualização

Por último, mas não menos importante, podemos nos concentrar no que chamei de CONTEXTUALIZAÇÃO. Aplicação é o ponto em que perguntamos: "E então?" ou "Como esse texto muda qualquer coisa em que acredito ou que faço?". Em muitos textos bíblicos, trata-se de ter um conhecimento básico do trabalho e das ações de Deus: Deus é bom e gracioso, tirou os hebreus do Egito, estava descontente com o rei Saul, Jesus ordenou que Paulo pregasse seu nome aos gentios etc. Em outros casos, trata-se de fazer uma coisa e não outra: ajudar os pobres e não cometer adultério. E ainda, além do básico saber *isso* e *fazer/não fazer aquilo*, podemos imaginar muitas outras formas de aplicar a Bíblia em nossa vida.

A PIOR APLICAÇÃO DE TODAS!

No meu tempo, ouvi falar de algumas aplicações malucas que as pessoas fazem da Bíblia. Às vezes estranho, às vezes errado, às vezes constrangedor. Uma aplicação particularmente estranha, não tão nova, sobre a qual me falaram diz respeito a um pastor que supostamente pregou em Josué 6 sobre a queda dos muros de Jericó, e sua aplicação foi nesse sentido: "Homens, se vocês são solteiros, se sentem que Deus os está levando a determinada mulher aqui para que se casem com ela, então os convido a andar ao redor dela sete vezes e tocar sua trombeta, e as paredes do coração dela desmoronarão diante de vocês". Há alegoria e há coisas malucas como essa. Meu conselho, se você encontrar alguém andando ao seu redor sete vezes, a menos que você esteja em uma pista de atletismo, é que corra para longe e rápido!

Primeiro, podemos explorar como um texto bíblico nos leva a uma visão mais ampla de Deus e de seus propósitos, especialmente em relação à igreja e ao mundo. Textos bíblicos como Efésios 1, que contém ações de graças e a oração de Paulo, demonstram quão rico e cheio de sabedoria é o plano de Deus. Da mesma forma, Apocalipse 5, com a visão de Jesus como o Cordeiro de Deus e o Leão de Judá, é um retrato poderoso e vívido de Jesus como aquele que executa o plano de Deus, outrora desconhecido nos séculos anteriores, de unir-se à criação por meio do Filho eterno. Textos como esses realmente ampliam nossa visão de Deus, provando que Deus não é uma divindade distante, mas é o glorioso Pai, que é Alfa e Ômega, aquele em quem vivemos, nos movemos e existimos, o Deus que será tudo em todos. A aplicação é, em parte, maravilhar-se com a majestade de Deus que nos é apresentada nas Escrituras.

Segundo, podemos buscar como um texto bíblico molda nossa vida e caminhada com Cristo. Os textos bíblicos podem, de várias maneiras, falar diretamente conosco, confortar-nos em tempos de tristeza ou ansiedade, repreender-nos por comportamentos errados, chamar-nos a uma intimidade mais profunda com Deus e nos tornar conscientes da orientação do Espírito. A Escritura também posiciona-nos em um viver fiel e de forma diferente do mundo. Ela nos incita a ter certeza de que nosso falar está de acordo com nossa caminhada. As Escrituras nos guiam em como viver genuína e autenticamente como cristãos.

Terceiro, a contextualização também requer uma imaginação moldada pelas Escrituras. Um exercício que faço ao dar aulas sobre os Evangelhos é exortar os alunos a contar sua própria versão de Lucas 15:11- 32. Eu lhes digo para dar uma expressão contemporânea da Parábola do Filho Pródigo; eles precisam contar sua própria história sobre um pai amoroso, um filho ou filha rebelde e um irmão mais velho ressentido, tudo para enfatizar a natureza da surpreendente graça de Deus para aqueles que não a merecem. Em última análise, as melhores aplicações são aquelas que fornecem uma sábia mistura de fidelidade ao mundo bíblico e imaginação criativa sobre como um texto bíblico se torna relevante para nós hoje.

SENDO UM LEITOR MELHOR DA BÍBLIA

Espero que este capítulo tenha lhe dado alguns insights úteis sobre a complexidade da interpretação dos textos bíblicos. Vimos como o significado de um texto bíblico é realmente a integração cuidadosa da intenção do autor, o próprio conteúdo textual e as muitas respostas dadas pelos leitores do texto. Eu ofereci a você meu próprio conjunto de dicas sobre como, de forma prática, esmiuçar um texto bíblico usando C4: *contexto* (explorando o cenário histórico, literário e canônico de um texto), *conteúdo* (investigando gênero, história, argumento, intertextualidade e comandos de um texto), *cuidado* (identificar a intenção primária de um autor) e *contextualização* (perguntar "e então?" após uma leitura cuidadosa do texto).

LEITURA RECOMENDADA

FEE, Gordon D.; STUART, Douglas K. *How to read the Bible for all its worth* (Grand Rapids: Zondervan, 2014).

_____. *Entendes o que lês? Um guia para entender a Bíblia com o auxílio da exegese e da hermenêutica*. Trad. Gordon Chown (São Paulo: Vida Nova, 1989).

HARVEY, Angela Lou. *Spiritual reading: a study of the Christian practice of reading scripture* (United Kingdom: James Clarke, 2016).

STRAUSS, Mark. *How to read the Bible in changing times: understanding and applying God's word today* (Grand Rapids: Baker, 2011).

WRIGHT, N. T. *Scripture and the authority of God: how to read the Bible today* (New York: HarperOne, 2011).

_____. *As Escrituras e a autoridade de Deus* (Rio de Janeiro: Thomas Nelson Brasil, 2021).

CAPÍTULO 6

O PROPÓSITO DAS ESCRITURAS É CONHECIMENTO, FÉ, AMOR E ESPERANÇA

Eu amo um bom "truque". Você sabe, aqueles conselhos atraentes que lhe dão atalhos para se tornar mais produtivo e eficiente e que tiram um pouco do incômodo da vida. Outro dia, encontrei um ótimo truque que me mostrou como usar meu telefone para tirar uma foto da página de um livro e depois converter a imagem em um documento do Word para que eu não precise digitar todas as palavras. Brilhante! Isso me poupou muitos minutos de digitação. Há também ótimos truques para os pais. Pessoalmente, meu favorito é: se as crianças não estiverem ficando no quarto à noite, coloque uma meia na maçaneta da porta com um elástico para mantê-la. Dessa forma, a criança não pode segurar a maçaneta com força suficiente para abrir a porta. Eu fiz isso, funciona, embora você inevitavelmente acabe com crianças chorando na entrada do quarto. Mas sim, eu amo um bom truque de vida.

Seja como for, as Escrituras não são uma lista divina de truques de vida. Sim, elas contêm ótimas dicas sobre tudo, desde paternidade até hábitos de trabalho, casamento e muito mais. O livro de Provérbios e a carta de Tiago contêm conselhos práticos sobre *como* viver com sabedoria e fidelidade diante de Deus e dos outros. Mas as Escrituras não foram escritas para ajudá-lo a perder peso, encontrar uma carreira melhor, ser mais produtivo no escritório, ser uma pessoa melhor ou até mesmo descobrir mais de você mesmo. Sim, as Escrituras cristãs podem nos ajudar com os elementos rotineiros da vida, mas o verdadeiro propósito das

Escrituras transcende o rotineiro e nos atrai para o mistério da pessoa de Deus, do amor e das promessas de submeter todas as coisas sob o reino de Cristo. O propósito e o poder das Escrituras são experimentados na disciplina de mergulhar diariamente no mistério de Deus conforme ele se revela em sua palavra.

São as Escrituras, sob a orientação do Espírito Santo e com a tutela das tradições de nossa igreja, que nos permitem alcançar uma transformação genuína e duradoura. Ao mergulharmos nas Escrituras cultivamos a virtude, curamos nosso caráter e nos conformamos ao padrão de Cristo. Você pode explicar isso em palavras teológicas técnicas como "santificação" (ou seja, tornar-se mais santo) ou com descrições gerais como "piedade" (ou seja, tornar-se mais parecido com Deus em caráter). Se nos engajamos em leituras consistentes e sábias da Bíblia, individual e coletivamente, esperamos colher muitos dos benefícios de repousar nossa mente nas Escrituras.

Para resumir, gosto de dizer que o propósito das Escrituras é que o povo de Deus alcance o conhecimento de Deus, aprofunde sua fé, abunde em amor a Deus e amor às pessoas e desfrute da certeza da esperança — essas são coisas que obtemos nas Escrituras!

CONHECER A DEUS

Um dos propósitos das Escrituras é conhecer a Deus: saber quem Deus é, o que ele faz, o propósito dele para a criação, seu propósito de colocar todas as coisas sob Cristo e fazer com que a igreja reine com Cristo sobre a nova criação. Isso significa, como você poderia imaginar, que há muito a ser conhecido sobre Deus! Felizmente para nós, Deus é o Deus que se dá a conhecer. É na Bíblia que a revelação de Deus de si mesmo é colocada em forma escrita; isto é, Deus inspirou os autores a comunicar sua vontade divina por meio da escrita. As Escrituras, em suas diversas formas, contêm a sábia mensagem de Deus para nós, para que vivamos um modo de vida diante dele. O CONHECIMENTO DE DEUS COMEÇA COM O CONHECIMENTO DAS ESCRITURAS; DESSE MODO, QUANTO MAIS

VOCÊ CONHECE DAS ESCRITURAS, MAIS VOCÊ CONHECE DE DEUS. Esse conhecimento é necessário se quisermos ter um relacionamento com Deus, estar em aliança com ele, sermos seus filhos, conhecer seu Filho, Jesus Cristo e experimentar a obra iluminadora do Espírito Santo. A falta de conhecimento não é apenas ignorância; é alienação de Deus, afastamento do amor e separação da oferta de reconciliação de Deus. Como Oseias disse em seu próprio tempo: "Meu povo foi destruído por falta de conhecimento" (Oseias 4:6).

Em toda a extensão das Escrituras, vemos vários exemplos em que conhecer a Deus vem pelo conhecimento das Escrituras. Falamos aqui do conhecimento do amor da aliança de Deus, dos mandamentos de Deus e do plano de Deus para seu povo. O Senhor instruiu Josué a dizer aos israelitas que "não deixe de falar as palavras deste Livro da Lei e de meditar nelas de dia e de noite, para que você cumpra fielmente tudo o que nele está escrito. Só então os seus caminhos prosperarão e você será bem-sucedido" (Josué 1:8). A base para essa ordem é direta: manter a fé em Deus significava guardar os mandamentos, que, por sua vez, requeria conhecer as Escrituras, e conhecê-las significava ensinar as Escrituras ao povo. Obviamente, se temos sede de conhecimento de Deus, devemos ter sede de sua palavra, do conhecimento que vem das Escrituras. Nesse sentido, o salmista nos exorta a imprimir a palavra de Deus no grande tecido de nossa vida: "Como pode o jovem manter pura a sua conduta? Vivendo de acordo com a tua palavra. Eu te busco de todo o coração; não permitas que eu me desvie dos teus mandamentos. Guardei no coração a tua palavra para não pecar contra ti" (Salmos 119:9-11). Quando Israel caiu em desobediência, foi a redescoberta da Lei sob Josias e novamente sob Esdras que trouxe arrependimento, reforma e renovação ao povo judeu (veja 2Reis 23; Esdras 7; Neemias 8). A palavra de Deus na Lei lembrava continuamente os israelitas do amor da aliança de Deus por eles, os propósitos e mandamentos de Deus para eles. A redescoberta da Lei tirou a nação do pântano do julgamento e do exílio e os inseriu novamente às bênçãos e favores de Deus.

> O que é um cristão? J. I. Packer escreve:
>
>> O que é um cristão? Os cristãos podem ser apresentados de muitas formas, mas baseado no que já foi dito podemos resumir da seguinte forma: Os verdadeiros cristãos são pessoas que reconhecem a palavra de Deus e que vivem debaixo dela. Submetem-se, sem reservas, à palavra de Deus escrita no "Livro da Verdade" (Daniel 10:21), crendo no ensino, confiando nas promessas, seguindo os mandamentos. Seus olhos estão no Deus da Bíblia como seu Pai, e no Cristo da Bíblia como seu Salvador. Eles lhe dirão, se você perguntar, que a palavra de Deus os convenceu do pecado e garantiu-lhes o perdão. Suas consciências, como a de Lutero, são cativas à palavra de Deus, e eles aspiram, como o salmista, a ter toda a sua vida alinhada com ela. "Quem dera fossem firmados os meus caminhos na obediência aos teus decretos." "Não permitas que eu me desvie dos teus mandamentos." "Ensina-me os teus decretos. Faze-me discernir o propósito dos teus preceitos." "Seja o meu coração íntegro para com os teus decretos" (Salmos 119:5,10,26s.,36,80). As promessas estão diante deles enquanto oram, e os preceitos estão diante deles enquanto realizam suas tarefas diárias.[1]

Na abertura de Paulo em sua carta aos Efésios, ele faz uma oração específica por eles: "Peço que o Deus de nosso Senhor Jesus Cristo, o glorioso Pai, lhes dê espírito de sabedoria e de revelação, no pleno conhecimento dele" (Efésios 1:17).[2] Esse é o propósito de ler as Escrituras, estudá-las, meditar nelas e pregar sobre seu conteúdo: conhecer melhor a Deus. O que melhor sabemos é, entre outras coisas, que "o seu Deus, é Deus; ele é o Deus fiel, que mantém a aliança" (Deuteronômio 7:9); "Reconheçam que ele é o nosso Deus. Ele nos fez e somos dele: somos o seu povo, e rebanho do seu pastoreio" (Salmos 100:3); e "Deus é amor. Todo aquele que permanece no amor permanece em Deus, e

---

[1] J. I. Packer, *Knowing God* (London: Hodder & Stoughton, 2013), p. 130 [edição em português: *O conhecimento de Deus*, trad. Cleide Wolf (São Paulo: Mundo Cristão, 2005)].

[2] Veja D. A. Carson, *Praying with Paul: a call to spiritual reformation*, 2. ed. (Grand Rapids: Baker, 2004), p. 150-5 [edição em português: *Um chamado à reforma espiritual*, trad. Valdeci da Silva Santos (São Paulo: Cultura Cristã, 2007)].

Deus nele" (1João 4:16). Por meio de nossa leitura da Escritura e do conhecimento de Deus que ela nos dá, começamos a compreender mais profundamente o amor e a beleza do Deus que nos conhece e nos ama.

Portanto, o objetivo de nossa instrução nas Escrituras é conhecer melhor a Deus para que possamos crescer em amor por ele. Como comenta a teóloga Ellen T. Charry: "Conhecendo a Deus, passamos a amá-lo e, amando-o, passamos a conhecê-lo".[3] Essa ênfase no conhecimento não significa tentar substituir a fé pelos fatos; antes, significa algo como buscar um conhecimento mais profundo de Deus por meio da fé munida do aprendizado — não um conhecimento puramente racional, mas crescimento em um relacionamento mais próximo de Deus. É um conhecimento que abunda em amor, ação de graças e louvor.

Conhecer a Deus por meio das Escrituras é importante porque, como o reformador francês João Calvino entendeu, sem o conhecimento de Deus, não podemos conhecer a nós mesmos.[4] É conhecendo a Deus, ou mais importante, sendo conhecido por Deus, que podemos saber quem somos — no relacionamento com Deus, com a igreja e no relacionamento com o mundo (veja 1Coríntios 8:3; 13:12; Gálatas 4:9).[5] ASSIM, O PRIMEIRO PROPÓSITO DAS ESCRITURAS É O CONHECIMENTO DE DEUS. Mais do que mera harmonia com fatos, é certamente um conhecimento relacional, um conhecimento que traz salvação, que nos torna sábios e nos molda à imagem de Jesus e da eterna palavra de Deus.

FÉ

Uma coisa que as Escrituras fazem — e aqui não há nenhuma surpresa — é LEVAR AS PESSOAS À FÉ. Segundo o Evangelista João, o propósito

---

[3] Ellen T. Charry, *By the renewing of your minds: the pastoral function of Christian doctrine* (New York: Oxford University Press, 1999), p. 4.

[4] Calvino, *Institutes of the Christian religion*, I.1.1 [edição em português: *A instituição da religião cristã*, trad. Carlos Eduardo Oliveira; José Carlos Estevão (São Paulo: Ed. Unesp, 2008)].

[5] Veja o importante trabalho a esse respeito em Brian S. Rosner, *Known by God: a biblical theology of personal identity* (Grand Rapids: Zondervan, 2017).

de seu Evangelho é evangelizador: "Mas estes foram escritos para que vocês creiam que Jesus é o Cristo, o Filho de Deus e, crendo, tenham vida em seu nome" (João 20:31). A noção de que os evangelistas, assim como João, escreveram livros que são "evangelísticos", uma vez que expõem a história do evangelho de Jesus e pedem uma resposta de fé a ele, é meio óbvia. Aliás, quando encontrei pela primeira vez o cristianismo e a Bíblia, um versículo do Evangelho de João que achei particularmente surpreendente e confrontador e que suscitou as primeiras fagulhas de fé foram as palavras de Jesus em seu discurso dirigido aos líderes da Judeia: "Eu lhes asseguro: Quem ouve a minha palavra e crê naquele que me enviou, tem a vida eterna e não será condenado, mas já passou da morte para a vida" (João 5:24). Vi aqui a promessa da vida eterna, os benefícios da fé, e experimentei aquele tipo de atração magnética por Jesus que os Evangelhos proporcionam ao transmitir tão maravilhosamente a história e as palavras de Jesus. Minha história não é única. Ouço inúmeros testemunhos de pessoas que chegaram à fé, aparentemente do nada, pegando uma Bíblia. Seja uma Bíblia de Gideões em um quarto de hotel, a Bíblia de um amigo em um dormitório da faculdade ou alguns versículos citados no e-mail de um amigo. Isso é precisamente o que a palavra de Deus faz — ela cria fé a partir das trevas da descrença e do desespero e planta as sementes que crescem em confiança em Deus, amor por Cristo e em ouvidos atentos ao Espírito. Ou como disse o apóstolo Paulo: "Consequentemente, a fé vem por ouvir a mensagem, e a mensagem é ouvida mediante a palavra de Cristo" (Romanos 10:17). A Escritura é, sem dúvida, o evangelista de maior sucesso que já existiu, existe ou existirá!

Outra coisa que as Escrituras fazem é nos LEVAR A UMA FÉ MAIS PROFUNDA. Elas nos fornecem instruções sobre como viver uma vida que glorifica a Deus, evita o pecado, se prepara para o reino e imita a Cristo. Mas, como eu disse, as Escrituras não são apenas um manual do usuário ou um livro de dicas de "como fazer" sobre a vida religiosa. As Escrituras nos levam a um conhecimento mais profundo do caráter de

Deus e a uma intimidade mais próxima com a pessoa de Deus. Por meio das Escrituras podemos orar com mais segurança ao "Abba", nosso Pai, a Cristo, nosso Irmão, e ao Espírito Santo, nosso Consolador. As Escrituras tornam Deus mais real para nós. Elas constantemente nos asseguram que Deus é por nós. A Escritura reitera nossa esperança em Cristo Jesus. O melhor exemplo de alguém sustentado pelas Escrituras que consigo pensar está no final do salmo 119. Esse salmo é o capítulo mais longo das Escrituras e celebra o conforto que somente a palavra de Deus pode proporcionar. Assim termina o salmo:

> Eu me regozijo na tua promessa
> > como alguém que encontra grandes despojos.
> Odeio e detesto a falsidade,
> > mas amo a tua lei.
> Sete vezes por dia eu te louvo
> > por causa das tuas justas ordenanças.
> Os que amam a tua lei desfrutam paz,
> > e nada há que os faça tropeçar.
> Aguardo a tua salvação, Senhor,
> > e pratico os teus mandamentos.
> Obedeço aos teus testemunhos;
> > amo-os infinitamente!
> Obedeço a todos os teus preceitos e testemunhos,
> > pois conheces todos os meus caminhos.
> Chegue à tua presença o meu clamor,
> > Senhor! Dá-me entendimento conforme a tua palavra.
> Chegue a ti a minha súplica.
> > Livra-me, conforme a tua promessa.
> Meus lábios transbordarão de louvor,
> > pois me ensinas os teus decretos.
> A minha língua cantará a tua palavra,
> > pois todos os teus mandamentos são justos.

> Com tua mão vem ajudar-me,
> > pois escolhi os teus preceitos.
> Anseio pela tua salvação, Senhor,
> > e a tua lei é o meu prazer.
> Permite-me viver para que eu te louve;
> > e que as tuas ordenanças me sustentem.
> Andei vagando como ovelha perdida;
> > vem em busca do teu servo,
> > pois não me esqueci dos teus mandamentos.
>
> (Salmos 119:162-176)

Enquanto o salmista está falando sobre a Lei aqui (ou seja, os primeiros cinco livros do Antigo Testamento), a sensação de deleite se aplica a todo o cânon bíblico. As Escrituras nos ensinam os caminhos de Deus. Elas suscitam nosso louvor, nos alegram e nos asseguram a libertação de Deus. As Escrituras nos aproximam de Deus, e quanto mais perto dele chegamos, mais nos deleitamos em sua santa palavra. Eu realmente não gosto dessas descrições bregas das Escrituras como uma "carta de amor de Deus"; mas, de fato, as Escrituras são um modo da presença de Deus conosco. É a palavra viva de Deus, uma palavra viva com sua voz, infundida com seu amor e iluminada por suas promessas que fala a nós ao longo de nossa vida. É uma palavra que chama, conforta e aconselha como um pai falando com seus filhos ou como uma mãe cuidando de seus filhos. É nessa palavra sagrada que sabemos quem ele é e quem nós somos nesse relacionamento com Deus.

Acho importante ressaltar que o conhecimento sobre Deus não é suficiente; o conhecimento de Deus, unido à fé nele, é o que importa. Voltando ao Evangelho de João, precisamos levar a sério a repreensão de Jesus aos sacerdotes de Jerusalém: "Vocês estudam cuidadosamente as Escrituras, porque pensam que nelas vocês têm a vida eterna. E são as Escrituras que testemunham a meu respeito; contudo, vocês não querem vir a mim para terem vida" (João 5:39,40). Qualquer um pode aprender sobre o Deus da Bíblia ou sobre a teologia do cristianismo estudando a religião ocidental, as antigas civilizações do antigo Oriente Próximo ou fazendo estudos comparativos das divindades do Mediterrâneo. Mas, como Jesus aponta, esse não é o propósito das Escrituras! O propósito das Escrituras não é ajudar as pessoas a obter uma nota de aprovação na disciplina de Educação Religiosa. Em vez disso, o propósito das Escrituras é levar as pessoas a crerem em Jesus, compreendê-lo e aproximarem-se dele, descansando naquele cujo jugo é suave e o fardo é leve (Mateus 11:30). Falarei mais sobre Jesus e as Escrituras no próximo capítulo. Por enquanto, você deve compreender que as ESCRITURAS NOS LEVAM À FÉ, UMA FÉ SÁBIA, UMA FÉ HOLÍSTICA E UMA FÉ PROFUNDA.

> *O que significa para você ter fé? Ter fé significa que acredito que o Evangelho é a verdade: que Jesus morreu pelos meus pecados, ressuscitou dos mortos e governa minha vida. Portanto, confio-me a ele como meu Salvador, e o obedeço como meu Senhor.*
>
> — **J. I. Packer; Joel Scandrett**, *To be a Christian: an Anglican catechism* (Wheaton: Crossway, 2020), p. 25.

AMOR A DEUS E ÀS PESSOAS

Outro propósito das Escrituras é o amor, que inclui CRESCER EM AMOR A DEUS E ÀS PESSOAS. Enquanto muitos cristãos imaginam a fé de Israel como "sem sal", ritualística e legalista, isso está longe de ser o caso. O amor estava entre as facetas centrais da fé do antigo Israel. O credo mais básico de Israel é o *Shema*, que é na verdade um chamado para amar a Deus com tudo o que você possui: "Ame o Senhor, o seu Deus, de todo o seu coração, de toda a sua alma e de todas as suas forças" (Deuteronômio 6:5). Também em Deuteronômio, Moisés instruiu os israelitas: "Pois hoje lhes ordeno que amem o Senhor" [o que praticamente significa que eles devem andar] "... em seus caminhos" [e guardar] "seus mandamentos, decretos e ordenanças". E, se fizerem isso, "então vocês terão vida e aumentarão em número, e o Senhor, o seu Deus, os abençoará na terra em que vocês estão entrando para dela tomar posse" (Deuteronômio 30:16). O amor entre os israelitas foi designado para impedir uma cultura de vingança e retribuição constante. Daí as palavras "ame cada um o seu próximo como a si mesmo" (Levítico 19:18). Além disso, este mandamento de amor se estende aos estrangeiros e refugiados: "O estrangeiro residente que viver com vocês será tratado como o natural da terra. Amem-no como a si mesmos, pois vocês foram estrangeiros no Egito" (Levítico 19:34). Entre os propósitos da Lei estava chamar as pessoas a amar a Deus, mostrar-lhes como amá-lo e incumbi-los de amar uns aos outros. Assim como Deus tem um amor pactual pelos israelitas, também os israelitas devem exercer o amor pactual entre si.

A ORDEM PARA AMAR NO NOVO TESTAMENTO

Respondeu Jesus: "Ame o Senhor, o seu Deus de todo o seu coração, de toda a sua alma e de todo o seu entendimento". Este é o primeiro e maior mandamento. E o segundo é semelhante a ele: "Ame o seu próximo como a si mesmo". Destes dois mandamentos dependem toda a Lei e os Profetas" (Mateus 22:37-40).

O meu mandamento é este: amem-se uns aos outros como eu os amei. Ninguém tem maior amor do que aquele que dá a sua vida pelos seus amigos (João 15:12,13).

Não devam nada a ninguém, a não ser o amor de uns pelos outros, pois aquele que ama seu próximo tem cumprido a lei. Pois estes mandamentos: "Não adulterarás", "não matarás", "não furtarás", "não cobiçarás", e qualquer outro mandamento, todos se resumem neste preceito: "Ame o seu próximo como a si mesmo" (Romanos 13:8,9).

Sobretudo, amem-se sinceramente uns aos outros, porque o amor perdoa muitíssimos pecados (1Pedro 4:8).

Se vocês de fato obedecerem à lei real encontrada na Escritura que diz: "Ame o seu próximo como a si mesmo", estarão agindo corretamente (Tiago 2:8).

Amados, visto que Deus assim nos amou, nós também devemos amar-nos uns aos outros. Ninguém jamais viu a Deus; se nos amarmos uns aos outros, Deus permanece em nós, e o seu amor está aperfeiçoado em nós (1João 4:11,12).

Uma das características próprias do ministério de Jesus foi o papel que ele atribuiu ao amor. A função das Escrituras, quando unida à mensagem do reino de Jesus, era levar as pessoas a um amor duplo: amor a Deus e amor aos outros. Quando um escriba perguntou a Jesus: "Mestre, qual é o maior mandamento da Lei?", Jesus respondeu com uma combinação de Deuteronômio 6:5 e Levítico 19:18: "Respondeu Jesus: 'Ame o Senhor, o seu Deus de todo o seu coração, de toda a sua alma e de todo o seu entendimento'. Este é o primeiro e maior mandamento. E o segundo é semelhante a ele: 'Ame o seu próximo como a si mesmo'. Destes dois mandamentos dependem toda a Lei e os Profetas" (Mateus 22:36-40). Para Jesus, esse era o verdadeiro significado das Escrituras, não uma lista de regras e regulamentos para fabricar uma micropiedade que cobria todas as áreas da vida. As Escrituras devem ser experimentadas como uma fonte que jorra o amor de Deus por nós, nosso amor por Deus, e nosso amor por nossos irmãos e irmãs em Cristo e por todas as pessoas. Isso fez com que Jesus se destacasse, pois, como observa o estudioso do Novo Testamento Scot McKnight, enquanto os fariseus ensinavam amor pela Torá, Jesus ensinava uma Torá de amor.[6]

Tenho certeza de que a maioria de vocês conhece o poema de Paulo ao amor em 1Coríntios 13, um texto famoso repleto de alguns dos versículos mais memoráveis das Escrituras:

> O amor é paciente, o amor é bondoso. Não inveja, não se vangloria, não se orgulha. Não maltrata, não procura seus interesses, não se ira facilmente, não guarda rancor. O amor não se alegra com a injustiça, mas se alegra com a verdade. Tudo sofre, tudo crê, tudo espera, tudo suporta. O amor nunca perece; mas as profecias desaparecerão, as línguas cessarão, o conhecimento passará (1Coríntios 13:4-8).

---

[6]Scot McKnight, *The Jesus creed* (Brewster: Paraclete, 2004), p. 53-4.

Agora, a maioria das pessoas parece tratar essa passagem como se Paulo estivesse escrevendo para os coríntios e então, de repente, ele tivesse soltado um sermão aleatório sobre a virtude do amor para que um dia os cristãos tivessem um texto emocionante para ler em casamentos. Algo que fosse espiritual o suficiente para soar cristão, mas não muito enfadonho para que as pessoas sem igreja não se sentissem desconfortáveis. Mas devemos ler esse "texto de casamento" no contexto de 1Coríntios 12-14.

Quando lido no contexto, em 1Coríntios 13:4-8, Paulo está tentando pronunciar-se numa batalha em que as pessoas estão discutindo sobre a maneira correta de adorar — a adoração de quem é a mais santa? De quem são os melhores dons? Qual é a hierarquia dos dons? E assim por diante. Em meio a toda essa confusão — "Seu dom espiritual é inferior ao meu", "Sou mais espiritual do que você" — o ponto de Paulo é que toda a "guerra pela adoração" está simplesmente perdendo de vista o que realmente importa. Paulo lembra aos coríntios que a adoração precisa ser guiada pelo Espírito e não por egos e popularidade; animada pelo Espírito e não pela busca de status usando uma moeda espiritual. Além disso, o que Paulo realmente enfatiza é que se você quer falar sobre superespiritualidade, então a verdadeira medida da espiritualidade é o caminho do amor e o maior dom na igreja é o dom do amor em ação. Isso porque o amor é a forma mais verdadeira de adoração, a forma mais elevada de conhecimento e o clímax da espiritualidade. Seja profecia ou pregação, línguas ou ensino, todos os dons precisam abraçar a forma mais excelente de amor porque o amor é o objetivo e a medida de todas as coisas espirituais. A adoração autêntica e a verdadeira espiritualidade é "amor de fato" (deixe os fãs de comédias românticas britânicas entenderem!).

AS ESCRITURAS ESTÃO REPLETAS DE ENSINAMENTOS E TEMAS SOBRE O AMOR: AMOR A DEUS, AMOR À IGREJA E AMOR AO PRÓXIMO. Ao ler as Escrituras, descobrimos a proeminência do amor nas instruções de Deus para nós e desenvolvemos um desejo concedido pelo Espírito de amar a Deus e aos demais. É por meio das Escrituras que devemos nos sentir compelidos por nossa nova natureza, nossa natureza espiritual, a atender ao mandamento de amor duplo de Jesus: amar a Deus e o próximo. As Escrituras nos encorajam a andar no caminho do amor porque Deus, em Cristo, nos amou primeiro.

Pessoalmente, tenho aversão a tentar reduzir o cristianismo a algum tipo de festival de amor sentimental, onde todos damos as mãos, compartilhamos nossos sentimentos e falamos sobre abraçar o arco-íris. A interpretação bíblica é inútil, fútil e até mesmo ofensiva a Deus quando está separada da virtude do amor. Pois onde houver substantivos gregos e verbos hebraicos, eles serão analisados e passarão. Onde houver dicionários de teologia, eles logo serão datados. Onde houver línguas teológicas agitando-se sobre as minúcias da doutrina, elas serão caladas. Onde houver argumentos sobre pontos de doutrina, eles serão abafados pela sinfonia da glória de Deus. Na minha experiência, as pessoas são menos propensas a lembrar de sua exegese, seu sermão ou seu estudo bíblico do que de seu amor ou falta de amor por elas. Sua demonstração de amor é o maior sermão que você pregará e o sermão mais duradouro que alguém se lembrará. Ou, como disse John Wesley, a vida cristã é "o caminho real do amor universal".[7]

Se a Bíblia fosse um seminário, o amor seria o reitor, e o currículo tem dois resultados principais de aprendizado: amor a Deus e amor ao próximo. As Escrituras falam muito sobre amor porque o amor é o teste do verdadeiro discipulado (João 13:34,35) e é a verdadeira forma de adoração (1Coríntios 13:4-8). O amor importa para a interpretação bíblica porque, como disse Agostinho, quem "pensa que entende as Sagradas Escrituras, ou qualquer parte delas, mas as interpreta de tal forma que não tende a construir esse duplo amor a Deus e ao próximo, ainda não as entende como deveria".[8]

---

[7]John Wesley, sermão 39.
[8]Augustine, *On Christian doctrine* 1.36.

PERSEVERANDO NA ESPERANÇA

Quando escrevi meu comentário sobre Romanos alguns anos atrás, uma das coisas mais impressionantes que aprendi e sobre a qual meditei foi o relato de Paulo sobre o propósito das Escrituras. O que você acredita que seja? Regras, religião, redenção, um relacionamento com Deus? Não, nem perto! Paulo, enquanto exortava os "fracos" e os "fortes" nas igrejas romanas a "receberem-se uns aos outros", acrescentou este comentário conciso, porém muito profundo, sobre o propósito das Escrituras: "Pois tudo o que foi escrito no passado, foi escrito para nos ensinar, de forma que, por meio da PERSEVERANÇA e do bom ânimo procedentes das Escrituras, mantenhamos a nossa ESPERANÇA" (Romanos 15:4). O propósito das Escrituras de acordo com Paulo é nos transmitir perseverança e esperança!

Perseverança, de acordo com as Escrituras, é "a capacidade de resistir ou suportar a dificuldade", implicando as virtudes da "paciência, tolerância, coragem, firmeza e perseverança."[9] A Escritura é nosso treinador, nosso alimento, nossa inspiração e nosso guia em uma luta espiritual à medida que nos aproximamos do reino de Deus, da nova criação — ou do reino de Aslam, poderíamos dizer. A vida é repleta de desafios, mágoas, tristezas, fracassos, decepções, traições e dor. É ali, em meio à adversidade, à dúvida, ao desespero, ao medo e à tragédia, que buscamos a força de Deus. Continuamos a persistir na luta, a perseverar na corrida e a prosseguir em direção ao chamado dos céus que é nosso em Cristo Jesus. Por quê? Porque a Escritura nos lembra que Deus é por nós, que Cristo morreu e ressuscitou por nós, e que o Espírito Santo está conosco! É por isso que podemos nos identificar com João, o Profeta, em seu exílio na ilha de Patmos, e vê-lo como nosso "irmão e companheiro [...] no sofrimento, no Reino e na perseverança em Jesus" (Apocalipse 1:9).

---

[9] Walter Bauer; Frederick Danker et al., *A Greek-English lexicon of the New Testament and other early Christian literature*, 3. ed. (Chicago: University of Chicago Press, 2000), p. 1039.

Além disso, o Espírito usa as Escrituras para mediar a própria presença de Deus para nós, para que a palavra de Deus nos forneça a resiliência de que precisamos para continuar. A inspirada Sagrada Escritura nos motiva a levantar-nos e não desistir até que tenhamos alcançado a coroa na qual nos gloriaremos na presença do próprio Senhor Jesus. Eu encontro inspiração nas palavras do salmo 77 sobre lembrar os feitos de Deus no passado para me dar esperança e perseverança no presente. Aprecio as palavras de Jesus no Evangelho sobre ir até ele para encontrar descanso para minha alma (Mateus 11:28) e permanecer com aquele que é o único que tem as palavras da vida eterna (João 6:68). Eu encontro conforto meditando em Romanos 8:31-39 sobre o amor invencível e incansável de Deus por nós em Cristo. Olho para um mundo sem mais lágrimas ou terror, como prometido em Apocalipse 21 e 22. E, acima de tudo, olho para Jesus, que "pela alegria que lhe fora proposta, suportou a cruz, desprezando a vergonha, e assentou-se à direita do trono de Deus" (Hebreus 12:2). Posso suportar todas as coisas porque meu Senhor considerou seu sofrimento e humilhação para minha redenção como sua alegria!

Temos a capacidade de perseverar porque temos esperança, ou, como Paulo diz, temos "perseverança proveniente da esperança em nosso Senhor Jesus Cristo" (1 Tessalonicenses 1:3). A Escritura nos narra a essência e a certeza de nossa esperança. Por causa do testemunho das Escrituras, fugimos para Deus a fim de nos agarrarmos à esperança colocada diante de nós no evangelho, e somos encorajados por ela. Por causa da esperança apresentada nas Escrituras, podemos ter confiança em nossa fé e correr perigos por Deus, pois conhecemos a esperança que nos é oferecida. Por causa das promessas da Escritura, temos a esperança de estar unidos com Cristo, a âncora da alma, firmes e seguros, enraizados na fidelidade de Jesus Cristo, que reina e intercede por nós à direita do Pai. A Escritura nos apresenta uma esperança na qual nada pode nos separar do amor de Deus; esperança de que Deus continuará a nos libertar em Cristo e nos confortar o coração pelo Espírito. A razão pela qual trabalhamos e nos esforçamos em todas as coisas, espirituais e mundanas, é que colocamos nossa esperança no Deus vivo. Essa esperança não é distante de nós nesta vida; dificilmente é romantizada ou efêmera. A essência dessa esperança, de acordo com as Escrituras, é que habitemos com Cristo, participemos da nova criação e do plano de Deus de colocar todas as coisas em ordem.

Claro, para algumas pessoas a vida é inerentemente sem esperança, e qualquer noção de esperança é a pior de todas as doenças mentais possíveis. O filósofo alemão Friedrich Nietzsche certa vez zombou: "Na realidade, a esperança é o pior de todos os males, porque prolonga os tormentos do homem".[10] Infelizmente, sem esperança, realmente nos desesperamos. O teólogo Jürgen Moltmann disse: "Viver sem esperança não é mais viver. O inferno é desesperança e não é à toa que na entrada do inferno de Dante estão as palavras: 'Abandonem a esperança, todos vocês que aqui entram'".[11]

É triste, mas verdadeiro, que sem esperança há apenas desespero e uma tentativa fútil de sobrevivência. Sem esperança, experimentamos a paralisia da miséria e sucumbimos à tirania da cruel inevitabilidade. Sem esperança, o melhor que o mundo secular pode fazer é buscar prazer e poder, tentar minimizar a dor ou escrever poesia psicodélica. Mas por causa das palavras de Jesus e da instrução dos apóstolos dadas a nós nas Escrituras, não somos esse povo. Sim, todos nós passamos pelo nosso próprio "pântano do desânimo" e pela "noite escura da alma"; mas a luz no final dela é a glória radiante do céu, a fidelidade infalível e inabalável de Deus e a garantia de nossa recepção no reino de Cristo. Vemos a história do evangelho e o veredito das Escrituras na comovente descrição de N. T. Wright: "A Páscoa aconteceu quando a Esperança em pessoa surpreendeu o mundo inteiro ao avançar do futuro para o

---

[10]Friedrich Nietzsche, *Human, all too human* (1878), #71 [edição em português: *Humano, demasiado humano*, trad. Antonio Carlos Braga (São Paulo: Lafonte, 2018)].

[11]Jürgen Moltmann, *Theology of hope* (New York: Harper & Row, 1967), p. 32 [edição em português: *Teologia da esperança: estudos sobre os fundamentos e as consequências de uma escatologia cristã*, trad. Helmuth Alfredo Simon (São Paulo: Teológica: Loyola, 2005)].

presente".[12] Podemos até dizer que a esperança se fez carne, habitou entre nós, e agora a palavra de esperança vem a todo o mundo. Portanto, não é de admirar que um dos refrões mais frequentemente repetidos no salmo 119 seja "e na tua palavra depositei a minha esperança", porque a palavra de Deus é uma palavra de promessa e essa promessa *foi, é* e *será* cumprida perfeitamente em Cristo Jesus. O cristianismo nos fala sobre a audácia da esperança (uso o termo aqui em uma homenagem ao presidente Obama)[13] porque, como J. I. Packer comenta: "Assim como Deus Pai é um Deus de esperança, também seu Filho encarnado, Jesus de Nazaré, crucificado, ressuscitado, reinando e voltando, é mensageiro, caminho e mediador da esperança", pois "a Bíblia é", ele acrescenta, "de Gênesis a Apocalipse, um livro sobre a esperança".[14]

A esperança vislumbrada nas Escrituras não é uma fé cega ou um otimismo vesgo. Mais apropriadamente, a esperança cristã, conforme exposta nas Escrituras, é a audácia da fé sob a adversidade. Esperança é o celebrar em triunfo por aquilo que os outros consideram uma causa perdida. A esperança nega que nossa vida não importa. É moeda na terra da depressão. A esperança é a dança quando a música há muito cessou. É pão para a alma faminta. É a voz que nos sussurra que "todas as coisas são possíveis". É a graça de enfrentar nossos medos sabendo que existe alguém maior que a soma de todos eles. A esperança oferece uma luz em lugar da maldição da escuridão. Ela é a médica de uma alma aterrorizada. É o herói dos fracos. É a resistência diante do tirano. O evangelho é a história da invasão da esperança em um mundo que conhece apenas desespero e escuridão. O evangelho nos fala sobre homens e mulheres

---

[12] N. T. Wright, *Surprised by hope: rethinking heaven, the resurrection, and the mission of the church* (San Francisco: HarperOne, 2009), p. 40-1 [edição em português: *Surpreendido pela esperança*, trad. Jorge Camargo (Viçosa: Ultimato, 2009)].

[13] Alusão à obra de Obama *A audácia da esperança: reflexões sobre a reconquista do sonho americano* (São Paulo: Cia. das Letras, 2021). (N. E.)

[14] J. I. Packer; Carolyn Nystrom, *Never beyond hope: how God touches and uses imperfect people* (Downers Grove: InterVarsity Press, 2000), 13 [edição em português: *Nunca perca a esperança: como Deus alcança e usa pessoas imperfeitas: com roteiros para estudos e aplicação*, trad. Sirley Vieira Amorim Strobel (São Paulo: Cultura Cristã, 2002)].

condenados a um fim sem esperança descobrindo, em Cristo Jesus, uma esperança sem fim. A esperança é aquela confiança descarada de que o testemunho das Escrituras sobre Jesus é totalmente confiável. Como disse o acadêmico Ernst Käsemann: "A verdadeira teologia [...] tem de permanecer uma teologia peregrina sob a mensagem do evangelho como uma promessa para o mundo inteiro — uma teologia da esperança".[15]

VIVENDO À LUZ DAS ESCRITURAS

Paulo celebremente disse a Timóteo que "Toda a Escritura é inspirada por Deus e útil para o ensino, para a repreensão, para a correção e para a instrução na justiça, para que o homem de Deus seja apto e plenamente preparado para toda boa obra" (2Timóteo 3:16,17). Esse é um ótimo ponto de partida, que vale a pena memorizar, porque as Escrituras nos mantêm no caminho certo. No entanto, se tratarmos as Escrituras simplesmente como um livro de regras ou como um manual de treinamento, sem entender sua história salvadora e sem saborear suas promessas reconfortantes, inevitavelmente as usaremos de forma equivocada. A Escritura não é um bastão para bater na sua cabeça por você não ser bom o suficiente; na verdade, a Escritura é uma luz na escuridão para guiar seu caminho e iluminar sua vida com Cristo. O propósito das Escrituras é nos dar conhecimento de Deus, nutrir nossa fé, levar-nos a amar a Deus e a amar aos outros, e nos proporcionar a perseverança que vem da esperança cristã.

LEITURA RECOMENDADA

JOHNSON, Luke Timothy. *Living the gospel* (London: Continuum, 2005).
MCKNIGHT, Scot. *The Jesus creed: loving God, loving others* (Brewster: Paraclete, 2019).
PACKER, J. I. *Knowing God* (London: Hodder & Stoughton, 2013).
_____. *O conhecimento de Deus*. 2. ed. (São Paulo: Mundo Cristão, 2005).

---

[15] Ernst Käsemann, *Commentary on Romans* (Grand Rapids: Eerdmans, 1980), p. 242.

CAPÍTULO 7

CRISTO É O CENTRO DA BÍBLIA CRISTÃ

Há livros que, ao vê-los nas livrarias, nos catálogos, ou na estante de alguém, reviro os olhos instintivamente. Livros heréticos, tão fracos que impossibilitam qualquer mergulho ou tão autocentrados que vêm com um vale-Botox e um bastão de selfie. Mas se há um livro que me faz resmungar mentalmente com ideias não santificadas, é o livro infantil de Sally Lloyd-Jones *The Jesus storybook Bible* e seu subtítulo *Every story whispers his name*.[1] Só que não há absolutamente nada de errado com esse livro; o conceito é brilhante, o conteúdo é bom, as ilustrações são maravilhosas e o efeito sobre os leitores é extremamente positivo. Na verdade, eu leio o livro para meus filhos mais novos pelo menos uma vez por ano. Então, qual é a fonte da minha frustração? Bem, simplesmente isto: não fui eu quem o escreveu! Eu gostaria de tê-lo escrito porque, dado seu sucesso de vendas, eu poderia estar desfrutando de uma boa aposentadoria antecipada com minha esposa em uma casa de praia nas margens da costa ensolarada de Queensland. Mas a principal razão pela qual sinto uma "santa inveja autoral" é que esse livro se tornou a principal maneira pela qual jovens pais evangélicos estão aprendendo teologia bíblica básica e como ler a Bíblia de uma forma centrada em Jesus. Eu estou falando sério! Se não fosse pela *The Jesus storybook Bible*, haveria toda uma geração de homens

---

[1] Edição em português: *Livro de histórias bíblicas de Jesus* (São Paulo: CPAD, 2008).

e mulheres evangélicos que praticamente não teriam ideia do que é o Antigo Testamento, como o Antigo Testamento se encaminha para certo clímax e como Jesus realmente é o alvo do enredo bíblico. Não é de admirar que a cada semestre costumo encontrar um estudante de seminário que confessa que foi graças à leitura da *The Jesus storybook Bible* para seus filhos que eles aprenderam que Abraão veio antes de Moisés, que o Antigo Testamento não é simplesmente um amontoado de histórias aleatórias para escola dominical, mas que é parte de uma história única e unificada, e que Jesus é o clímax do plano salvífico de Deus. E não esqueça que a ideia do livro é verdadeira: toda história bíblica sussurra o nome de Jesus. Claro, enquanto cada história sussurra "Jesus" (embora não necessariamente no mesmo volume ou na mesma relevância), a totalidade das Escrituras encontra sua coerência e unidade em Jesus Cristo. Então Sally Lloyd-Jones recebe um grande GIF de "meus parabéns" em minha conta do Twitter. Ela tornou meu trabalho como professor de seminário muito mais fácil ao ensinar aos pais, por meio da leitura para seus filhos, algumas noções básicas da história bíblica e sua conexão com Jesus.

O QUE É TEOLOGIA BÍBLICA?

Teologia bíblica pode significar (a) olhar para todos os temas teológicos em um único livro; (b) mapear como um único tema, seja o tema da aliança ou do reino, aparecem em ambos os testamentos; ou (c) traçar o progresso da história, isto é, a história da redenção, por meio dos testamentos de Gênesis a Apocalipse.

Lloyd-Jones explorou uma importante convicção que os cristãos têm sobre as Escrituras. A igreja cristã tem, de modo geral, sustentado que Jesus é de fato o centro interpretativo das Escrituras. Isso obviamente é verdade no Novo Testamento, mas deve ser uma verdade para o Antigo Testamento também, que deve ser entendido de uma forma cristocêntrica. Toda a Escritura aponta para Jesus como seu cumprimento

(Antigo Testamento) ou olha para Jesus como o autor e consumador de nossa fé (Novo Testamento). Há um amplo material bíblico que torna isso muito claro. O que desejo fazer neste capítulo é explicar precisamente como Jesus é o centro da Escritura e como a totalidade da Escritura encontra sua unidade e coerência nele.

"E COMEÇANDO COM MOISÉS"

De acordo com Lucas, foi o Jesus ressuscitado, falando a dois viajantes obtusos no caminho de Emaús, que explicou como a história das Escrituras culminou com a paixão e ressurreição do Messias: "Como vocês custam a entender e como demoram a crer em tudo o que os profetas falaram! Não devia o Cristo sofrer estas coisas, para entrar na sua glória?". E Lucas notoriamente acrescenta: "E começando por Moisés e todos os profetas, explicou-lhes o que constava a respeito dele em todas as Escrituras" (Lucas 24:25-27). Em outras palavras, o próprio Jesus foi a primeira pessoa que se engajou em uma exposição cristocêntrica das Escrituras!

Em razão disso exorto meus alunos do seminário a memorizar uma citação do sermão de Paulo na sinagoga de Antioquia da Pisídia sobre como todas as promessas de Deus encontram resolução em Jesus: "Nós lhes anunciamos as boas-novas: o que Deus prometeu a nossos antepassados ele cumpriu para nós, seus filhos, ressuscitando Jesus" (Atos 13:32,33). E o próprio Paulo escreve aos coríntios: "pois quantas forem as promessas feitas por Deus, tantas têm em Cristo o 'sim'" (2Coríntios 1:20). UMA CONVICÇÃO CENTRAL DO ENTENDIMENTO CRISTÃO ACERCA DAS ESCRITURAS É QUE JESUS CUMPRE O QUE FOI PROMETIDO A ISRAEL SOBRE O MESSIAS NO ANTIGO TESTAMENTO E CONTINUA SENDO O ASSUNTO PRINCIPAL DO NOVO TESTAMENTO.

Espero que você já esteja convencido deste ponto: Jesus — sua vida, morte e ressurreição, seu status como Messias e Senhor, sua identidade como o Filho de Deus — é a chave hermenêutica para desvendar as Escrituras.

CRISTOTÉLICO — CRISTO É O ALVO DAS ESCRITURAS

> Quanto de Jesus há em seu Antigo Testamento? De acordo com Ellen F. Davis, "Provavelmente a questão mais abrangente que separa a interpretação bíblica tradicional da moderna (ou pós-moderna) é *se* — e, em caso afirmativo, *como* — devemos ler o Antigo Testamento como testemunho de Jesus Cristo".[2]

Uma convicção cristã é que o Antigo Testamento não é meramente a "Bíblia Hebraica" ou as "Escrituras Judaicas"; é a primeira parte da Bíblia cristã, que torna-se completa com o Novo Testamento. Há um Deus em três pessoas, uma Bíblia com dois testamentos e uma história que culmina em Jesus Cristo. O estudioso do Antigo Testamento John Goldingay coloca isso de maneira ideal:

> Cada história bíblica individual pertence ao cenário da história como um todo, estendendo-se do princípio ao fim, com o acontecimento de Cristo no centro. A história do Segundo Testamento deve ser lida à luz da história relatada no Primeiro e vice-versa. Os dois Testamentos são como os dois atos de uma peça. As pessoas não podem esperar entender o Ato 2 se perderem o Ato 1, nem o Ato 1 se saírem no intervalo; nenhum ato pode ser entendido independentemente do outro.[3]

O resultado é que o Antigo Testamento não é um prólogo dispensável de Jesus, pois contém as primeiras cenas vitais da história que culmina em Jesus. O Antigo Testamento não é meramente um ato de aquecimento para Jesus, mas é totalmente CRISTOLÓGICO ou, como Peter Enns o chama, CRISTOTÉLICO, pois Jesus é o alvo e o clímax da

---

[2] Ellen F. Davis, "Teaching the Bible confessionally in the church", in: E. F. Davis; R. B. Hays, orgs., *The art of reading Scripture* (Grand Rapids: Eerdmans, 2003), p. 18.
[3] John E. Goldingay, *Models for interpretation of Scripture* (Grand Rapids: Eerdmans, 1995), p. 62.

revelação de Deus a Israel. Por cristotélico, quero dizer que a Escritura tem caráter preparatório e teleológico para a revelação de Deus de si mesmo no homem Jesus de Nazaré.[4]

A leitura cristotélica das Escrituras da igreja primitiva, ou seja, o Antigo Testamento, significava na prática ler as Escrituras do ponto de vista da fé em Cristo e estudar as Escrituras com as lentes de Jesus. Jesus se torna presente no Antigo Testamento, não baseado exclusivamente em leituras literais nem puramente dependente de um padrão de promessa e cumprimento, mas quando visto do ponto de vista da fé evangélica.[5] Identificar Jesus no Antigo Testamento, nesse sentido mais amplo, depende não apenas de uma boa exegese, mas de uma revelação (Lucas 24:45), do novo nascimento (João 3:5-10), da iluminação do Espírito (João 14:26; 15:26) e da remoção do véu das trevas (2Coríntios 3:12-18). É uma interpretação impulsionada pela experiência do Jesus ressurreto, do testemunho apostólico, da maravilha da adoração e da orientação do Espírito. De acordo com Peter Enns, "Os apóstolos não chegaram à conclusão de que Jesus é o Senhor a partir de uma leitura objetiva e desapegada do Antigo Testamento. Em vez disso, eles começaram com o que sabiam ser verdade — a histórica morte e ressurreição do Filho de Deus — e com base nesse fato releram suas Escrituras de uma maneira nova".[6]

Isso explica por que os intérpretes cristãos acreditavam que os santos do Antigo Testamento já haviam recebido antecipadamente o evangelho sobre Cristo (Romanos 10:16; Gálatas 3:8; Hebreus 4:2; 1Pedro 3:19,20). Por essa razão, o Antigo Testamento foi considerado como uma "sombra" das realidades que foram realizadas em Cristo (Colossenses 2:17; Hebreus 8:5; 10:1). Isso explica por que Mateus enfatiza constantemente as promessas bíblicas que foram cumpridas e os

---

[4]Sobre o Antigo Testamento como "cristotélico", veja Peter Enns, *Inspiration and incarnation: Evangelicals and the problem of the Old Testament* (Grand Rapids: Baker, 2005), p. 152-60.

[5]Veja Richard B. Hays, *Reading backwards a figural Christology and the fourfold Gospel witness* (Waco: Baylor University Press, 2014).

[6]Enns, *Inspiration and incarnation*, p. 152.

padrões que foram revividos em Jesus (p. ex., Mateus 2:14-18). Por isso Judas acreditava que Jesus "libertou um povo do Egito" (Judas 1:5). E por isso Paulo podia dizer que a rocha que acompanhava os israelitas em suas peregrinações no deserto e da qual eles bebiam era "Cristo" (1Coríntios 10:4); que a promessa de Deus para a "semente" de Abraão pertence a ninguém menos que "Cristo" (Gálatas 3:16); que Adão era um "um tipo daquele que haveria de vir" (Romanos 5:14); e que Cristo é o "fim da lei" (Romanos 10:4).

Da mesma forma, ao olharmos para a história da igreja primitiva, a mesma convicção básica de que o Antigo Testamento prefigura e profetiza Cristo permanece. Por exemplo, Melitão de Sardes (c. 190 d.C.) poderia escrever em sua famosa *Páscoa* sobre como Cristo aparece no Antigo Testamento como um padrão, uma ilustração e uma antecipação da libertação que ainda estava por vir:

> O Senhor fez uma preparação antecipada para seu próprio
>   sofrimento nos patriarcas e nos profetas e em todo o
>   povo; pela lei e pelos profetas ele os selou.
> O que aconteceu recentemente e de forma excelente, ele
>   providenciou desde a antiguidade.
> Para que quando isso acontecesse, encontrasse fé, tendo
>   sido prevista desde a antiguidade.
>
> Assim, o mistério do Senhor,
>   prefigurado desde a antiguidade pela visão de um tipo,
>   se cumpre hoje e encontrou a fé,
>   ainda que as pessoas pensem que é algo novo.
> Pois o mistério do Senhor é novo e velho;
>   velho com respeito à lei,
>   novo com respeito à graça.
> Mas, se você examinar o tipo por meio de seu resultado,
>   você o discernirá.

Assim, se você deseja ver o mistério do Senhor,
olhe para Abel, que também é morto,
para Isaque, que também é amarrado,
para José, que também é negociado,
para Moisés, que também é exposto,
para Davi, que também é caçado,
para os profetas, que também sofrem por causa de Cristo.

E olhe para as ovelhas, abatidas na terra do Egito, que salvaram Israel por meio de seu sangue enquanto o Egito foi abatido.[7]

Os apóstolos e pais da igreja não liam a Bíblia de maneira estritamente literal nem se entregavam a infinitas alegorias. Mas eles adotaram uma abordagem muito congruente que via o Antigo Testamento como transmitindo uma série de promessas e padrões que encontraram seu cumprimento em Cristo. Eles viram Cristo no Antigo Testamento como o agente divino ativo na Criação e no êxodo e que foi manifestado no anjo do Senhor. Eles também encontraram imagens de Cristo em toda a Lei, nos Profetas e nos Salmos.

Esse esforço por encontrar Jesus no Antigo Testamento é simplesmente o resultado lógico da crença na fidelidade de Deus a Israel por meio de Jesus. Se Deus enviou Jesus Cristo para trazer salvação (Romanos 8:3; Gálatas 4:4,5; 1João 4:9,10), então certamente ele mostrou isso nas Sagradas Escrituras (Lucas 24:44; Atos 13:33). Se Jesus é o agente final da criação e redenção de Deus como o evangelho afirma, então certamente ele sempre teve esse papel (João 1:1,2; Colossenses 1:15; Hebreus 1:1,2). Essa foi a motivação para que esses primeiros cristãos fossem ao Antigo Testamento para procurá-lo, vê-lo e encontrar sua presença nas páginas das Escrituras.

---

[7]Melito of Sardis, *On Pascha* 57-60, ed. e trad. para o inglês Alistair C. Stewart (Yonkers: St. Vladimir's Seminary Press, 2016), p. 67-8.

TUDO BEM, MAS NÃO PONHA JESUS EM TUDO

Façamos uma breve digressão e certifiquemo-nos de que nossa leitura cristotélica das Escrituras não seja mal interpretada. Sim, Jesus é o centro das Escrituras, tanto do Antigo Testamento quanto do Novo Testamento. Sim, ler o Antigo Testamento através dos olhos da fé requer, ou melhor, exige que acreditemos que Moisés, os Profetas e os Salmos testificam sobre a pessoa e obra de Cristo de várias maneiras. No entanto, existem alguns outros aspectos da leitura das Escrituras que precisamos manter ao lado de nossa estratégia de leitura cristotélica.

Nada de cristomonismo!

Para começar, devemos ser cautelosos com o que poderíamos chamar de abordagem CRISTOMONISTA das Escrituras. De acordo com essa abordagem problemática, as Escrituras, especialmente o Antigo Testamento, são pregadas quase exclusivamente como uma forma de mostrar e proclamar Cristo, porém o conteúdo real e a preocupação de uma passagem específica são ignorados (lembre-se das dicas de interpretação que dei no capítulo 5!). Você provavelmente conhece o problema sobre o qual estou falando, onde a conclusão ou aplicação de cada sermão é "Jesus é ótimo, não é mesmo?!" ou "Seja mais como Jesus!". Veja, há muitas oportunidades e lugares apropriados para fazer esse tipo de coisa na pregação, para obter seu momento "louco por Jesus"; estou de acordo com isso! No entanto, não é em todo tempo e lugar que as Escrituras nos chamam a fazer apenas isso. Nossa leitura das Escrituras não deve ser unidimensional ou indivisível. O aspecto cristotélico das Escrituras é importante, até mesmo vital, mas é reconhecidamente apenas um aspecto de nossa estratégia de leitura — precisamos estar atentos para mais do que apenas o testemunho cristológico das Escrituras.

Por exemplo, *pode-se* pregar a história de Davi e Bate-Seba de 2Samuel 11 e 12 e, como aplicação, talvez focar em como Deus estava planejando nos enviar um novo rei, melhor do que Davi, maior que ele, um rei que não falharia e o nome desse rei seria Jesus. No entanto, quando leio a história de Davi e Bate-Seba, acredito que devemos dizer pelo menos algo sobre os perigos do adultério e da cobiça, da luxúria a ponto de violência, do poder masculino, da exploração feminina e das consequências das ações das pessoas. Além disso, ao pregar sobre a Parábola do Filho Pródigo em Lucas 15:11-32, eu não falaria apenas sobre Jesus trazer filhos e filhas pródigos para Deus. Eu diria também algo sobre a paternidade graciosa e compassiva de Deus e alertaria contra o perigo de nos tornarmos como o irmão mais velho desdenhador. Em outras palavras, uma abordagem cristotélica das Escrituras é algo que temos como complemento, não como alternativa às dimensões teológicas, éticas e eclesiásticas das Escrituras. Sim, "toda história sussurra seu nome", mas o nome de Jesus não é o único nome em todas as histórias, não é a única parte em todas as histórias, não é a única trama em todas as histórias, e não é o único ponto de todas as histórias. Portanto, não rejeite as leituras cristotélicas como simples alegorias, mas também não seja um leitor cristomonista. Não seja alguém que procura por Jesus em porções das Escrituras a ponto de ignorar os vários enredos, temas, lições e camadas de significado bíblico.

É necessário termos em mente o horizonte cristotélico das Escrituras, mas precisamos também dedicar atenção a outras dimensões das Escrituras referentes a Deus, à ética e à igreja.

Dimensão teocêntrica

Além de nossa interpretação cristotélica, precisamos ser TEOCÊNTRICOS. Por teocêntrico, quero dizer que reconhecemos que a Escritura é uma história de Deus! Essa é uma suposição bastante controversa e que exige atenção em como Deus é um personagem central na história bíblica. Como tal, precisamos identificar a providência de Deus por trás de cada cena; observar exemplos do amor de Deus; explorar o relacionamento de Deus com os patriarcas, com Israel, com os profetas e os reis; atentar para as exigências de Deus para com seu povo; e dar atenção à obra redentora de Deus para com seu povo. E quando digo "Deus", não me refiro ao benigno Papai Noel cósmico do cristianismo cultural; não, refiro-me à Trindade — um relato denso e volumoso da divindade cristã como um ser tripessoal. Lemos as Escrituras atentos ao Deus triúno, um Deus em três pessoas — Pai, Filho e Espírito Santo — que existem em uma substância, poder e eternidade. A Escritura ilumina a Trindade e é iluminada por ela.

A história bíblica envolve Deus Pai, Deus Filho e Deus Espírito Santo. Cada momento da história nos conta algo sobre o caráter de Deus, seus propósitos, a adoração a ele, suas exigências e seu amor. Isso atinge um clímax no envio de Jesus, um envio apresentado no Antigo Testamento, e seu significado torna-se real em nosso coração pelo Espírito Santo. A perspectiva teocêntrica das Escrituras significa tratar Deus como aquele que cria, ordena, chama, faz alianças e torna consumada todas as coisas. A Bíblia não poderia ser um livro sobre Jesus a menos que fosse primeiro um livro sobre Deus inspirado e iluminado pelo Espírito Santo.

Dimensão moral

A Escritura cristã tem uma DIMENSÃO MORAL importante.[8] Ela é um dos principais instrumentos pelos quais Deus molda nosso caráter, forma nossa consciência, castiga nosso pecado e nos conforma aos ensinamentos e ao exemplo de Jesus. Sim, eu sei que isso pode facilmente se transformar em moralismo ou mesmo legalismo, reduzindo as Escrituras a uma lista de regras divinamente sancionadas. Mas as Escrituras realmente colocam diante de nós uma visão moral, padrões a serem imitados e mandamentos a serem obedecidos. A narrativa das Escrituras molda as pessoas de acordo com o caráter de Deus, para manter o padrão de Cristo e produzir o fruto do Espírito Santo. As Escrituras nos apresenta uma história, e é essa história que molda nossas ações tanto

---

[8]Veja Jason Hood, "Christ-Centred interpretation only? Moral instruction from Scripture's self-interpretation as caveat and guide", *Scottish Bulletin of Evangelical Theology* 27 (2009): 50-69.

quanto determina nossas crenças. Não negligencie, então, o horizonte ético das Escrituras, para que você não acabe se tornando moralmente vazio.

> Ler a Bíblia para formação ética e de forma cristotélica não são mutuamente exclusivos. De acordo com o teólogo africano Samuel Waje Kunhiyop:
>
>> As pessoas não são cristãs apenas porque acreditam em Deus ou em algum poder sobrenatural; elas são cristãs porque acreditam que Jesus é o Filho de Deus que morreu e ressuscitou da sepultura e dá a cada crente o poder de viver uma vida moral. Como o Filho de Deus, Jesus é a revelação mais completa de quem Deus é. Ele é, portanto, nosso modelo ético, ou seja, nosso exemplo de como devemos viver [...] Seguir os passos de Cristo significa demonstrar as mesmas qualidades que Jesus demonstrou em sua vida terrena. Paulo regularmente extrai as implicações da morte e ressurreição de Jesus para nossa conduta ética (Romanos 6:1-14; 8:17,29,30; 15:1-7; 1Coríntios 10:2-11; 2Coríntios 4:7-15; 12:9,10; Gálatas 2:19,20; 5:24; 6:14).[9]

Dimensão da igreja

Por fim, as Escrituras devem ser lidas ECLESIOCENTRICAMENTE (*ecclesia* vem da palavra grega *ekklēsia*, para "igreja" ou "assembleia"). A Escritura é, em certo sentido, também sobre a igreja. Paulo traz uma ideia interessante ao dizer aos coríntios que as coisas escritas nas Escrituras foram escritas para sua instrução, uma vez que eles são aqueles "sobre quem tem chegado o fim dos tempos" (1Coríntios 10:11). Isso não é colocar a igreja, nós mesmos, por assim dizer, no centro dos propósitos e planos de Deus. Mesmo assim, precisamos lembrar que o poder redentor de Deus invadiu a era presente, irrompeu sobre a igreja e aguarda um cumprimento futuro. O plano divino é que o povo de Deus reine com Cristo em uma nova criação, em um novo céu e uma nova

---

[9]Samuel Waje Kunhiyop, *African Christian ethics* (Nairobi: Hippo, 2008), p. 54.

terra, experimentando a união culminante e alegre de Deus com seu povo. Como tal, Deus realmente deseja que nos tornemos pequenas miniaturas de seu Filho, pequenas figuras de Cristo, habitemos em seu novo mundo, experimentemos a promessa de paz sem fim e de vida eterna, desfrutemos dele para sempre e participemos do senhorio cósmico de Cristo. A igreja não é uma mera coleção passiva de consumidores religiosos esperando para serem levados ao céu a qualquer momento. Muito pelo contrário, o povo de Deus é o meio estratégico do qual o testemunho e a palavra de Deus são levados ao mundo, até o dia em que Deus preencherá todas as coisas de todas as maneiras, em que os reinos das nações serão destronados pelo reino de nosso Deus e seu Messias. Nesse ínterim, no entanto, a igreja é agora uma embaixadora do reino de Deus e, no futuro, estamos destinados a ser corregentes com Cristo. Assim, na visão final da revelação de João de Patmos, lemos: "Eles não precisarão de luz de candeia nem da luz do sol, pois o Senhor Deus os iluminará; e eles reinarão para todo o sempre" (Apocalipse 22:5). Se tudo isso é verdade, e eu acredito firmemente que sim, então devemos ler as Escrituras como Paulo disse aos Coríntios: atentos a como as Escrituras instruem a igreja, e com a mente nos propósitos de Deus que culminam na união de Cristo e sua igreja, sempre cientes de que as Escrituras apontam para o papel que a igreja desempenha no desdobramento da revelação dos misteriosos propósitos de Deus.

DEVEMOS INTERPRETAR AS ESCRITURAS DA MESMA FORMA QUE OS APÓSTOLOS A INTERPRETARAM?

Uma coisa atrevida que faço com meus alunos é levá-los por meio de algumas passagens do Novo Testamento para ver como o Antigo Testamento está sendo interpretado pelos apóstolos. Eu os faço ler as primeiras narrativas de Mateus 1 e 2, a narrativa da paixão joanina em João 19, o longo discurso de Paulo sobre Israel em Romanos 9—11, a argumentação polêmica de Paulo em Gálatas 3 e 4 e a visão de João sobre a mulher e o dragão em Apocalipse 11 e 12. Eu então pergunto a eles: "Devemos interpretar o Antigo Testamento como a igreja primitiva fez?" Esses capítulos contêm alguns exemplos genuinamente desconcertantes de como os apóstolos, evangelistas e a igreja primitiva em geral interpretaram o Antigo Testamento. Quero dizer, Paulo menciona tomar as coisas como uma "ilustração" (Gálatas 4:24); João, o Profeta, diz que sua visão deve ser entendida "figuradamente" (Apocalipse 11:8); muitas das citações do Antigo Testamento de Mateus não lhe parecem textos messiânicos óbvios quando lidas em seus próprios termos; e a argumentação de Paulo sobre Israel é densamente preenchida com uma avalanche de citações e alusões ao Antigo Testamento a ponto de ser esmagada por elas. Não é de admirar que muitos de meus alunos se sintam em conflito, confusos e apreensivos, e que muitos relutem em seguir os apóstolos em sua interpretação bíblica.

> Esta realmente é uma alegoria: essas mulheres são duas alianças. Uma mulher, de fato, é Agar, do Monte Sinai, tendo filhos para a escravidão. Agora Agar é o Monte Sinai na Arábia e corresponde à atual Jerusalém, pois ela é escrava com seus filhos. Mas a outra mulher corresponde à Jerusalém celeste; ela é livre, e ela é nossa mãe. Pois está escrito,
>
> > "Regozije-se, ó estéril, você que nunca teve um filho;
> > grite de alegria, você que nunca esteve em
> > trabalho de parto;
> > porque mais são os filhos da mulher abandonada
> > do que os daquela que tem marido"
> > (Gálatas 4:27).
>
> Os seus cadáveres ficarão expostos na rua principal da grande cidade, que figuradamente é chamada Sodoma e Egito, onde também foi crucificado o seu Senhor.
>
> Durante três dias e meio, homens de todos povos, tribos, línguas e nações contemplarão os seus cadáveres e não permitirão que sejam sepultados (Apocalipse 11:8,9).

A interpretação da igreja primitiva do Antigo Testamento parece estranha à forma em que a maioria dos cristãos foi ensinada a ler as Escrituras. Alguns supõem que os apóstolos são capazes de realizar suas complexas manobras interpretativas com piruetas cristológicas porque têm uma licença especial para fazer algumas loucuras. Como resultado, devemos obedecê-los, mas não devemos segui-los em seus métodos interpretativos. No entanto, em minha defesa da interpretação bíblica apostólica, digo isso aos meus alunos: *se* Jesus é o clímax da aliança, *se* ele é o cumprimento da lei, *se* ele é aquele para quem os profetas apontavam, *se* as Escrituras de fato testificam de Jesus, *se* o Antigo Testamento está repleto de figuras que antecipam Jesus como Senhor e Salvador, *então* não é meramente legítimo ler as Escrituras de maneira cristotélica, mas é algo exigido como um artigo de fé. Ler as Escrituras como um cristão é considerá-las como encontrando sua substância, coerência e unidade em Jesus Cristo. Como cristãos cuja fé foi estabelecida sobre os fundamentos dos profetas e apóstolos (Efésios 2:20), somos obrigados a seguir sua estratégia de pregar e ensinar as Escrituras. Então, sim, você deve interpretar a Bíblia como os apóstolos fizeram se você afirma pertencer a uma igreja cuja base esteja alicerçada no evangelho que os apóstolos pregaram. Além disso, depois de dois mil anos de interpretação, essa maneira apostólica de leitura cristã, com sua dimensão espiritual e foco cristotélico, é muito mais estável, duradoura e coerente do que as infinitas modas e fragmentações que caracterizaram as abordagens seculares da Bíblia.

O CONSELHO DE DEUS COM UMA INTERPRETAÇÃO SÁBIA

Paulo disse aos efésios que em seu ministério ele não se absteve de declarar a eles "toda a vontade de Deus" (Atos 20:27). Com isso, Paulo quis dizer que não hesitou em expor a vontade de Deus conforme encontrada em todas as Escrituras. O que tentei explicar neste capítulo é que aprender todo o conselho de Deus requer uma abordagem interpretativa integral e sábia. Aqui está a conclusão: as Escrituras são cristotélicas — Jesus é o alvo e a unidade das Escrituras. Na verdade, sabemos disso porque o próprio Jesus interpretou as Escrituras como um testemunho de si mesmo. No entanto, não seja cristomonista sobre isso, e certifique-se de dedicar atenção aos aspectos teocêntricos, morais e eclesiásticos das Escrituras também. Além disso, observar como os apóstolos interpretaram o Antigo Testamento é um dos melhores pontos de partida para começar a interpretar o Novo Testamento de maneira cristotélica. Nossa abordagem das Escrituras deve permanecer em continuidade com os apóstolos, se declaramos ser parte de uma igreja que traça sua linhagem até os apóstolos e se nos consideramos guardiões do evangelho que os próprios apóstolos proclamaram. Para ser extremamente honesto, você deve fazer isso ainda mais se for protestante, porque isso foi, em parte, o motivo da Reforma: recuperar o evangelho apostólico e a maneira apostólica de ler as Escrituras! Portanto, mantenha-se perto dos apóstolos enquanto eles tentam se manter perto de Jesus nas Escrituras, sempre atentos às dimensões teológicas, morais e eclesiásticas das Escrituras.

LEITURA RECOMENDADA

Davis, Ellen F. *Wondrous depth: preaching the Old Testament* (Louisville: Westminster John Knox, 2005).

Greidanus, Sidney. *Preaching Christ from the Old Testament* (Grand Rapids: Eerdmans, 1999).

_____. *Pregando Cristo a partir do Antigo Testamento: um método hermenêutico contemporâneo* (São Paulo: Cultura Cristã, 2006). Tradução de: Preaching Christ from the Old Testament.

Smith, Brandon; Berry, Everett. *They spoke of me: how Jesus unlocks the Old Testament* (Spring Hill: Rainer, 2018).

Williams, Michael. *How to read the Bible through a Jesus lens: a guide to Christ-focused reading of Scripture* (Grand Rapids: Zondervan, 2012).

Wright, Christopher J. H. *Knowing Jesus through the Old Testament* (Downers Grove: InterVarsity, 1992).

APÊNDICE 1

OS CINCO PRINCIPAIS TEXTOS DO ANTIGO TESTAMENTO NO NOVO

Uma característica interessante da pregação apostólica é que os apóstolos afirmaram repetidamente que a narrrativa do evangelho sobre a morte, ressurreição e exaltação do Messias aconteceu "segundo as Escrituras" ou em "cumprimento" das Escrituras (p. ex., João 2:22; Atos 13:33; 1Coríntios 15:3,4). No entanto, de maneira mais específica, qual Escritura os apóstolos e os primeiros cristãos tinham em mente? Que histórias e tipos bíblicos eles recordavam? Onde no Antigo Testamento eles procuraram provas proféticas de sua mensagem?

Pessoalmente, como professor de estudos bíblicos, um dos momentos mais traumatizantes em minha experiência de ensino e motivo de constante preocupação com o estado da educação bíblica em nossas igrejas, é quando pergunto a um novo grupo de alunos: "Como você pregaria o evangelho a partir do Antigo Testamento?". Veja, qualquer um pode pregar o evangelho a partir de Romanos, de Atos ou do Evangelho de Mateus, mas e do Antigo Testamento? Lembre-se, os apóstolos não escreveram o Novo Testamento dez minutos depois de Pentecostes. Assim, quais partes do Antigo Testamento eles pregaram quando anunciavam Jesus como Senhor e Messias? Quando faço essa pergunta para alunos do primeiro ano do seminário, supostamente de boas igrejas que acreditam na Bíblia, recebo expressões faciais perplexas, como cervos com barbas hipster e calças de algodão no sinal de trânsito, ou então vejo alunos levantando as mãos e apelando para o salmo 23 de cabeça! Ironicamente, apesar da popularidade do salmo 23 na devoção pessoal, ele nunca é citado no Novo Testamento. Então eu digo a eles para se esforçarem mais, e tudo o que recebo em resposta é um silêncio absoluto.

Abaixo, forneço os cinco principais textos do Antigo Testamento que aparecem no Novo Testamento, com uma explicação do que os tornou tão propícios ao ensino apostólico e úteis na pregação evangelística.

SALMOS 118:22-26

A pedra que os construtores rejeitaram
    tornou-se a pedra angular.
Isso vem do Senhor,
    e é algo maravilhoso para nós.
Este é o dia em que o Senhor agiu;
    alegremo-nos e exultemos neste dia.
Salva-nos, Senhor! Nós imploramos.
    Faze-nos prosperar, Senhor! Nós suplicamos.
Bendito é o que vem em nome do Senhor.
    Da casa do Senhor nós os abençoamos.

Quando Elizabete I, filha do rei inglês Henrique VIII, descobriu que se tornaria rainha, ela supostamente caiu no chão e citou Salmos 118:22 em latim. Sua alegria e espanto foi que, em vez de ser executada por sua irmã, a rainha Maria, como herege protestante e rival de seu trono, Elizabete agora se tornaria rainha após a morte iminente de Maria. Foi a reversão máxima para Elizabete: do potencial martírio à monarquia real! Da mesma forma, o salmo 118, entendido em seu contexto original, é um salmo de ação de graças que celebra o fato de Deus ter mudado a sorte para os hebreus quando eles foram libertados do Egito, e depois disso os peregrinos o cantavam ao entrar em Jerusalém para a Páscoa ou mesmo durante a própria celebração da Páscoa.

No Novo Testamento, Jesus cita esse salmo depois de contar a Parábola dos Lavradores Ímpios. A ideia era que ele e seus seguidores seriam rejeitados pela liderança da Judeia ("a pedra que os construtores rejeitaram"), e ainda assim seriam justificados por Deus e tornariam-se os destinatários do reino de Deus e constituiriam a "pedra angular" do novo Israel (Mateus 21:42-44). Segundo Lucas, Pedro fez um discurso aos anciãos e governantes sacerdotais de Jerusalém, no qual lhes disse: "Este Jesus é 'a pedra que vocês, construtores, rejeitaram, e que se tornou a pedra angular'. Não há salvação em nenhum outro, pois, debaixo do céu não há nenhum outro nome dado aos homens pelo qual devamos ser salvos" (Atos 4:11,12). Pedro, em sua própria carta às igrejas do norte da Ásia Menor, une Isaías 28:16 sobre uma pedra preciosa e escolhida colocada em Sião com o salmo 118 sobre a pedra angular rejeitada. O resultado é que, assim como Jesus, as igrejas são rejeitadas e ainda assim escolhidas por Deus para serem sua casa e povo espiritual: "vocês também estão sendo utilizados como pedras vivas na edificação de uma casa espiritual para serem sacerdócio santo, oferecendo sacrifícios espirituais aceitáveis a Deus, por meio de Jesus Cristo" (2:5). Jesus pode ter sido rejeitado pelos líderes da Judeia e crucificado pelos romanos, e a mensagem sobre ele ridicularizada pelos filósofos gregos, mas o que importa é o que Deus declarou sobre ele e seu povo: ele é a pedra angular escolhida sobre a qual o Deus de Israel criou um novo Israel composto por judeus e gentios unidos por sua fé nele.

LEVÍTICO 19:18

... mas ame cada um o seu próximo como a si mesmo.

No popular programa britânico de ficção científica *Doctor who*, uma velha louca anuncia que o Antigo Testamento da KJV declara: "Não permitirás que uma bruxa viva", ao que o médico responde que a sequência do Antigo Testamento — o Novo Testamento — diz: "Ame o seu próximo". Infelizmente, o bom médico talvez precise ir à classe de Bíblia 101. Sim, o Novo Testamento realmente diz: "Ame o seu próximo", mas o faz citando Levítico 19:18 do Antigo Testamento! Portanto, você não pode jogar os mandamentos cruéis e sem amor do Antigo Testamento contra o amor e a misericórdia do Novo Testamento. Se o cristianismo tem uma abordagem diferente para sua ética, esta seria a prioridade do amor pelos relacionamentos não apenas com outros cristãos, mas também com aqueles que estão fora da igreja.[1] Os cristãos são definidos pelo amor a Deus e pelo amor ao próximo. E esse *ethos* está firmemente enraizado no Antigo Testamento: ele é derivado da revelação de Deus de si mesmo a Israel, e o amor é intrínseco à ética e ao *ethos* da vida religiosa de Israel. A ordem de amor de Levítico 19:18, dada para acabar com a possibilidade de uma pessoa buscar vingança contra outro israelita, foi adotada por Jesus, incorporada em seu ensino e veio a constituir uma característica singular de suas instruções a seus seguidores. De acordo com Jesus, as pessoas do reino amam o seu próximo, até mesmo seus inimigos e perseguidores, e este é o resumo de toda a Torá (Mateus 5:43; 22:39). Interessante também é que tanto Paulo (Romanos 13:9,10; Gálatas 5:14) quanto Tiago (Tiago 2:8) reafirmam a noção do mandamento do amor como o resumo da Torá e consideram o mandamento do amor o aspecto mais importante do comportamento cristão. Muito naturalmente, o mandamento do amor e a disciplina do amor na prática tornaram-se uma característica própria da espiritualidade cristã, da ética social e da vida comunitária.

---

[1] O mandamento do amor também é encontrado na literatura judaica e exemplos análogos também são abundantes nos escritos greco-romanos. Aproximadamente contemporâneo de Paulo, o filósofo Epiteto insistiu que um filósofo que é açoitado "deve amar aqueles que o açoitam como se ele fosse seu pai ou irmão" (Arriano, *Epic. Diss.* 3.22.54). Quase um século depois de Jesus, o rabino Akiba poderia chamar o mandamento do amor levítico de "o maior princípio da lei" (*Sipra Lev* §200).

APÊNDICE 1

SALMOS 110:1,4

O SENHOR disse ao meu Senhor:

"Senta-te à minha direita
 até que eu faça dos teus inimigos
 um estrado para os teus pés" [...]

O SENHOR jurou
 e não se arrependerá:

"Tu és sacerdote para sempre,
 segundo a ordem de Melquisedeque".

Recentemente, vi o musical de grande sucesso *Hamilton*, que é repleto de temas cristãos e muito divertido de assistir. Em uma música, o narrador, Aaron Burr, relata a nomeação de Alexander Hamilton a chefe do gabinete do general George Washington com Hamilton "sentado à direita do pai", e essas palavras são uma citação direta do Credo dos Apóstolos, que em si é um resumo de Salmos 110:1 e suas muitas alusões no Novo Testamento.

O salmo 110 é a passagem do Antigo Testamento mais frequentemente citada, aludida e ecoada em todo o Novo Testamento. Está em todo lugar! Em seu contexto original, o salmo 110 é um salmo imperial sobre o triunfo da dinastia davídica sobre os reinos pagãos vizinhos. Um mensageiro pronuncia como "o Senhor" (*Yahweh*) promete ao "meu senhor" (*Adonai*, ou seja, o rei davídico) subjugar seus inimigos. No entanto, Jesus e a igreja primitiva entendiam que Davi era o orador do salmo pelo qual o Senhor (*Yahweh*) prometeu ao Senhor de Davi (o Messias) subjugar seus inimigos. É por isso que Jesus perguntou aos fariseus como o Messias poderia ser filho de Davi, já que o próprio Davi chama o Messias de "Senhor". A implicação é que, embora o Messias possa ser um filho de Davi, ele é mais do que um filho — ele é preexistente e vocacionado a compartilhar na esfera da soberania divina (Mateus 22:41-46).

Outros autores do Novo Testamento refletiram sobre o salmo 110 em relação a Jesus e acreditaram que Deus o fez "assentar-se à sua direita, nas regiões celestiais, muito acima de todo governo e autoridade, poder e domínio" (Efésios 1:20,21); Jesus "se assentou à direita da Majestade nas alturas" (Hebreus 1:3); e Jesus "subiu ao céu e está à direita de Deus; a ele estão sujeitos anjos, autoridades e poderes" (1Pedro 3:22). A exaltação de Jesus até o trono do poder divino é acentuada em Apocalipse 4 e 5. Lá encontramos um relato da visão sobre a sala do trono celestial de Deus e a adoração nela, mas logo fica claro que o Cordeiro de Deus compartilha e fica no centro do trono de Deus, recebendo o mesmo coro de adoração celestial que Deus Pai. Em outras palavras, quando o salmo 110 é visto cristologicamente, Jesus não está apenas descansando no céu; em vez disso, em seu corpo humano glorificado, ele está atualmente executando a regência divina sobre os assuntos do universo.

DANIEL 7:13

> Na minha visão à noite, vi alguém semelhante a um filho de um homem, vindo com as nuvens dos céus. Ele se aproximou do ancião e foi conduzido à sua presença.

O historiador judeu, Josefo, escrevendo após a revolta judaica contra Roma e a destruição do templo em 66-70 d.C., referiu-se a um "oráculo ambíguo" que retrata uma figura, um líder carismático ou militar, que subjugaria os romanos e conquistaria a terra de sua habitação. Eu, e muitos outros, acredito que Josefo estava se referindo ao livro de Daniel, especialmente aos capítulos 2, 7 e 9, quando mencionou este oráculo.[2]

---

[2] Veja Josefo, *War* 6.312-15; 4.388; e a análise em N. T. Wright, *The New Testament and the people of God* (London: SPCK, 1992), p. 314 [edição em português: *O Novo Testamento e o povo de Deus: origens cristãs e a questão de Deus* (Rio de Janeiro: Thomas Nelson Brasil, 2022).].

Daniel é um documento complexo por todos os tipos de razões — idioma, data, cenário, autoria etc. No entanto, é claro que Daniel 7, com sua visão dos quatro animais e do Filho do Homem que está entronizado diante do Ancião de Dias, foi um texto muito significativo para a igreja primitiva. Discorde de mim se quiser, mas penso que as quatro bestas representam os impérios babilônico, persa, macedônio e selêucida, e o chifre arrogante provavelmente seja Antíoco Epifânio IV, o rei sírio que profanou o templo de Jerusalém em 167 a.C., e que depois tornou-se o protótipo de todas as figuras anti-Deus e anticristo nas tradições judaicas e cristãs.

Essas bestas são os poderes pagãos do mundo que se opõem a Deus e a seu povo, e a questão iminente é se Deus defenderá seu povo. A resposta a essa pergunta é dada na narrativa imediatamente após a apresentação das quatro bestas e do surgimento do chifre arrogante, em que temos uma misteriosa cena do trono onde um "semelhante a um filho de um homem" vem antes do Ancião de Dias e é levado à sua presença, e nos é dito: "A ele foram dados autoridade, glória e reino; todos os povos, nações e homens de todas as línguas o adoraram. Seu domínio é um domínio eterno que não acabará, e seu reino jamais será destruído" (Daniel 7:14). Em minha mente, "semelhante a um filho de um homem" refere-se ao rei messiânico de Deus, ao reino e ao povo de Deus (Daniel 7:18,27). A visão de Daniel de uma figura humana entronizada com Deus, simbolizando o triunfo de Israel sobre os impérios pagãos e seu panteão de deuses, foi retomada na literatura judaica e cristã e tornou-se um marco das expectativas e esperanças messiânicas para a futura libertação da nação judaica.

O título "Filho do Homem" é bastante tratado: significa apenas "filho de Adão" ou "ser humano"? É uma expressão idiomática aramaica para "eu" ou "alguém na minha posição"? Está em total acordo com Daniel 7 e, em caso afirmativo, como exatamente? Os Evangelhos usam o título como o meio preferido de autodesignação de Jesus, muito provavelmente como uma alusão enigmática ao mistério que envolve seu papel no reino de Deus como seu inaugurador e Messias.³ Se você examinar Marcos 13, o discurso do Monte das Oliveiras, poderá detectar como Daniel 7 moldou grande parte da linguagem sobre a futura vinda do Filho do Homem para julgar o templo de Jerusalém e salvar os eleitos do cerco romano de Jerusalém. Também é interessante que no julgamento de Jesus perante o Sinédrio, Jesus respondeu a uma pergunta messiânica do sumo sacerdote Caifás com a afirmação de que ele, como Filho do Homem, seria entronizado à direita de Deus. As palavras de Jesus deliberadamente e provocativamente combinam a linguagem de Salmos 110:1 com Daniel 7:13, o que leva a uma acusação de blasfêmia contra Jesus pelo sumo sacerdote (Mateus 26:64,65; Marcos 14:62-64; Lucas 22:67-70). As imagens aqui implicam que Jesus compartilhará — e já compartilhou — o próprio senhorio de Deus.⁴ Embora o título "Filho do Homem" seja raramente usado fora dos Evangelhos (Atos 7:56; Hebreus 2:6; Apocalipse 1:13; 14:14), na memória da igreja primitiva, parece ter apresentado Jesus como *a* figura humana que seria entronizada diante de Deus e traria libertação ao povo de Deus.

SALMOS 2:7

Proclamarei o decreto do Senhor:
Ele me disse: "Tu és meu filho;
eu hoje te gerei.

Já faz um tempo desde que os britânicos tiveram uma cerimônia de coroação para nomear um novo monarca. A rainha Elizabete II reina desde 1953, e o príncipe Charles provavelmente terá de esperar mais alguns anos por sua cerimônia de coroação como rei. No salmo 2, temos

---

³Veja Michael F. Bird, *Are you the one who is to come? The historical Jesus and the Messianic question* (Grand Rapids: Baker, 2009), p. 77-116.
⁴Joel Marcus, "Mark 14:61: 'Are you the Messiah—Son of God?'", *Novum Testamentum 31* (1989): 139 (125-41).

um salmo de coroação, um texto que celebra Deus comissionando um novo rei israelita como seu "filho" e assim cumprindo as promessas que fez a Davi sobre seus descendentes: "Quando a sua vida chegar ao fim e você descansar com os seus antepassados, escolherei um dos seus filhos para sucedê-lo, um fruto do seu próprio corpo, e eu estabelecerei o reino dele. Será ele quem construirá um templo em honra do meu nome, e eu firmarei o trono dele para sempre. Eu serei seu pai, e ele será meu filho" (2Samuel 7:12-14). Os primeiros autores cristãos achavam que Salmos 2:7 era apropriado para apresentar Jesus como alguém comissionado para ser o rei messiânico e Servo Sofredor em seu batismo (Marcos 1:11) e nomeado por Deus em sua ressurreição como o Filho exaltado que reina com o Deus de Israel (Atos 13:33; Hebreus 1:5; 5:5). Olhando para o restante do salmo, Deus designou Jesus Cristo, o Filho de Deus, para governar as nações e subjugar os reis das nações com um cetro de ferro (Salmos 2:9; Atos 4:24-28; Apocalipse 2:27; 12:5; 19:15). A igreja primitiva olhou para Jesus, olhou para o salmo 2, olhou para Jesus novamente e concluiu: "Ora, este é o Filho de Deus; este é o rei, este é aquele que vai governar as nações".

Poderíamos analisar tantos outros textos do Antigo Testamento e como eles aparecem no Novo Testamento, em particular, o quarto Cântico do Servo de Isaías 52 e 53, partes de Jeremias e Zacarias, histórias de Gênesis e de Êxodo, elementos de Provérbios e muito mais. Por enquanto, basta dizer que a igreja primitiva lia suas Escrituras judaicas por meio de uma lente cristocêntrica que fez de Jesus a peça central e a unidade orgânica da totalidade das Escrituras.

APÊNDICE 2
AS TRADUÇÕES EVANGÉLICAS MAIS IMPORTANTES EM LÍNGUA PORTUGUESA[1]

Desde 1681, a versão da Bíblia para a língua portuguesa, feita diretamente do texto original por João Ferreira de Almeida, nascido em Torre de Tavares, Portugal, faz parte da cultura literária lusófona. O NT, traduzido em 1676 e publicado em 1681, é uma obra-prima de equivalência formal vertida para o vernáculo comum dos países de fala portuguesa do século 17. Em 1689, Almeida começou a tradução do AT, mas foi ceifado pela morte em 1693, tendo traduzido somente até Ezequiel 48:31. O pastor holandês Jacobus op den Akker, da Batávia, levou a cabo a tarefa iniciada por Almeida, e traduziu assim de Ezequiel 48:32 até Malaquias. No início da década de 1750, a tradução completa da Bíblia foi então publicada, tornando-se, de fato, a primeira Bíblia de comunidades cuja língua oficial ou dominante era o português.

---

[1] Este apêndice foi extraído de *Introdução à interpretação bíblica*, de William Klein et al. (Rio de Janeiro: Thomas Nelson Brasil, 2017). Para a análise de algumas dessas versões, veja John Mein, *A Bíblia e como chegou até nós*, 8. ed. (Rio de Janeiro: Juerp, 1990); Luiz Sayão, *NVI: a Bíblia do século 21* (São Paulo: Vida/Vida Nova, 2001); Pedro Apolinário, *História do texto bíblico*, 4. ed. (São Paulo: Instituto Adventista de Ensino, 1990); Philip Wesley Comfort, org., *A origem da Bíblia* (Rio de Janeiro: CPAD, 1998); Elizabete Muriel Ekdahl, *Versões da Bíblia: por que tantas diferenças?* (São Paulo: Vida Nova, 1993); Cláudio Vianney Malzoni, *As edições da Bíblia no Brasil* (São Paulo: Paulinas, 2016). Um trabalho acadêmico de grande importância nessa área é a dissertação não publicada apresentada em 2004 ao Programa de Pós-Graduação em Estudos Linguísticos da Faculdade de Letras da Universidade Federal de Minas Gerais, de Súsie Helena Ribeiro, *Elementos para a historiografia da tradução da Bíblia em língua portuguesa*. (N. E.)

Imagine uma tradução da Bíblia, em parte ou completa, que ainda sobrevive depois de aproximadamente trezentos anos! Mas a língua portuguesa mudou dramaticamente desde aquela época, e a descoberta de muitos manuscritos bíblicos mais antigos que os disponíveis nos dias de Almeida forçaram revisões frequentes e aprimoramentos necessários de seu trabalho (nenhuma versão impressa nos dias de hoje corresponde cem por cento ao original). Em 1898, surgiu uma revisão da versão de Almeida batizada de Almeida Revista e Corrigida (ARC), feita em Lisboa, Portugal. No Brasil, existem várias versões feitas com base nessa revisão do texto de Almeida: Almeida Revista e Corrigida, lançada em 1944 pela Imprensa Bíblica Brasileira, órgão da Convenção Batista Brasileira fundado em 1940; Almeida Corrigida e Fiel (ACF), publicada pela Sociedade Bíblica Trinitariana do Brasil em 1994 e que rejeita o Texto Crítico; Almeida Revista e Corrigida , segunda edição, lançada em 1995 pela Sociedade Bíblica do Brasil. A base textual de cada uma dessas outras versões feitas a partir da Almeida, no entanto, permanece inalterada.

A primeira tradução realizada em solo brasileiro das línguas originais é conhecida pelo nome de Tradução Brasileira (TB), lançada na íntrega em 1917, também denominada Versão Brasileira ou Versão Fiel. O estudioso John Mein relata a história dessa versão:

> As Sociedades Bíblicas empenhadas na disseminação da Bíblia no Brasil reuniram-se, em 1902, para nomear uma comissão para traduzir os textos hebraico e grego para o português. A comissão tradutora foi composta por três estrangeiros, missionários das diversas juntas operando no Brasil, e diversos brasileiros, os quais foram: Dr. W. C. Brown, da Igreja Episcopal; J. R. Smith, da Igreja Presbiteriana Americana (Igreja do Sul); J. M. Kyle, da Igreja Presbiteriana (Igreja do Norte); A. B. Trajano, Eduardo Carlos Pereira e Hipólito de Oliveira Campos. Esses foram auxiliados na sua tarefa por diversos pregadores e leigos das igrejas evangélicas e alguns educadores eminentes do Brasil.

Além do texto grego e de todas as versões portuguesas existentes, a comissão tinha a seu dispor muitos comentários e obras críticas que continham os mais novos e úteis resultados da investigação e estudo modernos do Novo Testamento. Em 1904, edições experimentais dos dois primeiros Evangelhos foram publicadas, e, depois de certa crítica e consequente revisão, o Evangelho segundo Mateus foi publicado em 1905. Os Evangelhos e o livro dos Atos dos Apóstolos foram publicados em 1906, e o Novo Testamento completo, em 1910. A Bíblia inteira veio à luz em 1917.[2]

Em 1956, a Sociedade Bíblica do Brasil lançou uma nova revisão, com atualização, do texto Almeida, a qual foi denominada Almeida Revista e Atualizada (ARA; a edição completa foi lançada em 1959). A ARA passou por outra revisão em 1993. Uma terceira revisão denominada Nova Almeida Atualizada foi publicada em 2017, trazendo correções exegéticas, atualização da língua portuguesa para o português brasileiro, eliminação de arcaísmos e substituição de *tu* e *vós* por *você* e *vocês*, respectivamente, menos nos casos em que as pessoas se dirigem a Deus.

Uns poucos críticos textuais continuam a defender o chamado Texto Majoritário (cerca de 80% dos manuscritos do NT que concordam de forma aproximada com a Almeida Corrigida). Eles entendem que, não fosse a forma textual mais antiga, não teria sobrevivido em tantos manuscritos.[3] Mas, na verdade, a maior parte desses manuscritos vêm da família "bizantina" de textos (coleção de manuscritos com leituras e origens geográficas parecidas, sugerindo que todos derivaram de um ou de poucos exemplares), associada com o poder mundial que governava em Constantinopla (anteriormente conhecida como Bizâncio) depois da queda de Roma. Então, naturalmente, seus manuscritos do NT eram os mais amplamente copiados e bem preservados. Mas nenhum dos manuscritos mais antigos, escritos do século 2 ao 5, a maior parte dos

---

[2]*A Bíblia e como ela chegou até nós*, 8. ed. (Rio de Janeiro: Juerp, 1990), cap. 10.
[3]Veja esp., Z. C. Hodges; A. L. Farstad, orgs., *The Greek New Testament according to the Majority Text* (Nashville: Nelson, 1982).

quais foi descoberta desde 1611, vem dessa tradição, e então nosso conhecimento do que os escritores bíblicos realmente escreveram se desenvolveu muito desde a produção da versão Almeida. Agora temos praticamente 5.800 documentos anteriores a Gutemberg, copiados à mão, de parte ou da totalidade do NT, além dos Manuscritos do Mar Morto, complementando o Texto Massorético para o AT. Realmente devemos ser gratos, por exemplo, por Marcos não ter escrito a versão que consta da Almeida Corrigida de Marcos 16:18, mas os leitores que se limitam à Almeida Corrigida nunca saberão disso. Os leitores da Almeida Século 21 (A21), lançada em 2008 por Edições Vida Nova,[4] encontrarão um português um pouco mais claro e atualizado, e saberão das diferenças entre os manuscritos se lerem as notas de rodapé. Por essa razão, não podemos endossar o uso generalizado de versões mais antigas quando alternativas mais precisas estão disponíveis.[5]

As versões mais modernas da Bíblia, como a Nova Versão Internacional (NVI), são baseadas no que há de mais moderno em pesquisas teológicas e linguísticas. E isso pode ser claramente verificado em suas inúmeras notas de rodapé, as quais apresentam, entre outros recursos, leituras alternativas nas línguas originais. A versão completa foi lançada em 2001 (o NT, em 1994) pela Sociedade Bíblica Internacional, denominada atualmente de Biblica Brasil, identificada com a Biblica, Inc., antiga International Bible Society (EUA), fundada em New York em 1809.[6]

Mas a NVI não foi a versão de linguagem mais acessível a surgir no Brasil. Em 1988, a Sociedade Bíblica do Brasil lançou a Bíblia na Linguagem de Hoje (BLH; o Novo Testamento foi lançado em 1973), uma

---

[4] A Almeida Século 21 é uma extensa revisão e atualização da Versão Revisada (VR) de Acordo com os Melhores Textos no Hebraico e no Grego, que foi publicada pela Imprensa Batista Brasileira, selo que pertencia à Junta de Educação Religiosa e Publicações (Juerp) da Convenção Batista Brasileira. (N. E.)

[5] Para uma defesa detalhada dessas afirmações, veja D. A. Carson, *The King James Version debate: a plea for realism* (Grand Rapids: Baker, 1979); e J. R. White, *The King James only controversy: can you trust modern translations?* 2. ed. (Minneapolis: Bethany, 2009).

[6] Para saber mais a respeito, sugere-se a leitura do "Prefácio à NVI", presente em todas as suas edições. (N. E.)

tradução que segue o princípio da equivalência dinâmica ou funcional, em que o tradutor leva em conta as palavras do original dentro de diferentes contextos. A versão emprega a linguagem comum de um falante do português do Brasil sem perder o requinte gramatical. Para ser nobre, não é preciso usar palavras rebuscadas ou difíceis. Basta ser gramaticalmente correta e compreensível. Infelizmente, ela recebeu comentários negativos indevidos em alguns círculos conservadores por causa de uma ou outra tradução controversa. Um exemplo foi seu uso de "jovem" em vez de "virgem" em Isaías 7:14. Outra mudança acentuada foi o uso da linguagem inclusiva em vez de pronomes e substantivos masculinos quando homens e mulheres eram mencionados (como em Atos 17:30: "Mas agora ele manda que *todas as pessoas* [...] se arrependam dos seus pecados", em vez "todos os homens"). Em 2000, depois de passar por uma revisão textual, a BLH foi rebatizada de Nova Tradução na Linguagem de Hoje (NTLH).

Depois da NTLH, começaram a surgir versões da Escritura que eram ainda mais acessíveis ao leitor médio sem o hábito de ler a Bíblia. Começaram a aparecer as paráfrases.[7] Em 1981, surgiu a Bíblia Viva (BV), revisada e renomeada em 2010 como Nova Bíblia Viva (NBV), que pertence à Biblica Brasil, a detentora da NVI. Em 1994, Edições Vida Nova lançou *Cartas para hoje* (CPH), paráfrase das cartas do Novo Testamento feito por J. B. Phillips, as quais foram extraídas de *The New Testament in modern English* [O Novo Testamento em inglês moderno], publicado originariamente na Inglaterra em 1958, o qual vendeu mais de 6 milhões de exemplares. Phillips foi duramente criticado por ter tomado liberdades indevidas em relação ao texto, mas essas críticas estão mais no material que não foi publicado em português. Por exemplo, Atos 8:20 (geralmente traduzido "Pereça com você o seu dinheiro!") tornou-se, de forma chocante para muitos, em: "Vá para o inferno você e o seu dinheiro!" (ainda que Phillips tenha comentado em uma nota

---

[7] As paráfrases acrescentam palavras ou expressões explicativas que não correspondem a nada no texto original e não são necessárias para preservar o sentido original da passagem, mas dão ao texto um ar de modernidade e um impacto maior.

de rodapé, acertadamente, que essa é uma tradução altamente literal e bem defensável do grego). A NTLH tem uma linguagem parecida: "Que Deus mande você e o seu dinheiro para o inferno!".

Outra paráfrase bastante difundida no Brasil é A Mensagem (AM), publicada pela Editora Vida em 2011, que é uma tradução de The Message, de Eugene Peterson, concluída em 2002, em inglês. Ela foi avaliada por um grupo de especialistas (presidido por W. W. Klein e R. J. Hubbard Jr.) quanto à precisão teológica e se mostrou bem popular em razão de sua impressionante linguagem atual.

Os críticos geralmente desconsideram o fato de que paráfrases não foram produzidas para substituir as traduções mais tradicionais; em vez disso, visavam a tornar a Bíblia mais viva e mais lida pelas pessoas que não a leriam de outra maneira. Desse modo, foram bem-sucedidas de maneira extraordinária.

Muitos evangélicos ficaram insatisfeitos com uma ou outra característica dos primeiros esforços para melhorar o texto das versões Almeida Corrigida. Ainda que suspeitassem de liberalismo teológico ou achassem as paráfrases muito livres, concordariam em que a atualização era mais do que necessária.

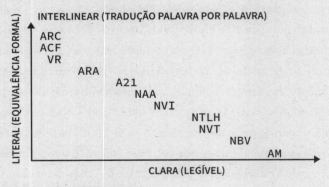

A escolha de uma tradução

Qual tradução é a melhor para usar? A resposta básica é que depende de seu propósito ou momento. Se pretende fazer estudos de palavras ou destacar uma passagem, você precisa de uma versão que tente geralmente refletir a estrutura real da linguagem bíblica e traduza os termos principais com a mesma palavra no português o mais frequentemente possível. Então, para isso, siga a ARC, a AFC, a VR, a TB ou, com mais umas poucas exceções, a ARA. Decidir entre essas cinco pode depender de seu ponto de vista quanto à linguagem inclusiva. Se você está procurando uma tradução com redação atual e percepções para um leitor jovem ou iniciante em linguagem simples e viva, ou estiver aprendendo português, considere a NTLH, a NBV ou a NVT (a mais recente, lançada pela Editora Mundo Cristão em 2016, e que segue os princípios da New Living Translation, da Tyndale House Publishers). Para uma paráfrase simplesmente envolvente e inovadora, dê uma olhada em AM. Para a melhor combinação geral de precisão e legibilidade, consulte a NVI e a A21.

Acima de tudo, toda vez que levar a sério estudar uma passagem de forma aprofundada, especialmente quando estiver ensinando ou lidando com pontos exegéticos ou teológicos controvertidos, consulte mais de uma tradução. Para praticar a memorização, escolha a tradução que você preferir e use-a de forma sistemática. Mesmo assim, para obter uma interpretação válida, se não puder ler nos idiomas bíblicos, você tem de comparar várias versões, caso contrário pode perder detalhes bem importantes. Na verdade, comparar as traduções é provavelmente a melhor maneira de descobrir onde as diferenças textuais importantes ou o palavreado ambíguo ocorrem nos originais hebraicos ou gregos. Inúmeros programas de computador também permitem uma comparação rápida entre os textos-padrão e as traduções.[8]

---

[8] No site da Sociedade Bíblica do Brasil (www.sbb.org.br/conteudo-interativo/pesquisa-da-biblia), o leitor pode comprar simultaneamente suas quatros traduções: NTLH, ARA, ARC e TB. A ARC pode ser acessada neste endereço: www.biblias.com.br/biblia.asp. A A21 pode ser acessada pelo site de Edições Vida Nova (vidanova.com.br/editora/bibliaalmeida21). A NVT está disponível para consulta na página da Editora Mundo Cristão (www.mundocristao.com.br/TodosLivros). A NVI pode ser consultada no site internacional da Bíblica (www.biblica.com/bible/online=-bible/?action-bible_widget_refresh&translation =nvi-pt&book=g%C3%AAnesis&chapter=1). No site www.biblegateway.com é possível acessar dezenas de outras traduções em diversos idiomas. (N. E.)

ÍNDICE DE PASSAGENS BÍBLICAS

Gênesis
1—3 26, 135
1:1—2:4a 27
1:26,27 94, 105-7
2:4b-24 27
2:24 90
3:15 132
4—11 26
9:6 94
12—50 26
12:11-20 86
14:14 27
15:1-5 53
16 91
16—21 121

Exôdo
3:14 137
12 137
19:1—20:21 27
20:1-17 27
20:4 109
20:13 138
23:19 82
24:4 27
24:7 24

Levítico
11:1-47 27
11:7 83
18:22 83
19:18 136, 152-3,
 179-80
19:20 126

19:27 82
19:34 152
25:44-46 126

Números
5:11-31 83
12:3 27
23:19 65
25:1 113

Deuteronômio
5:8 109
5:27 97
6:5 151-3
7:2-4 129
7:9 146
14:3-21 27
20:17 59
21:10-14 81-2
22:11 82
22:28,29 82
23:15 126
25:4 121
26:5-10 26
28:68 95
30:16 152
31:19-22 60
31:22 27
34 27

Josué
1:8 145
6 140
19:47 27

23:6 27
23:12,13 129

Juízes
11:30-40 86
18:29 27

2Samuel
7:12-14 185
11 e 12 168-9
23:2 55

1Reis
12:20,21 113
12:22-24 54

2Reis
22:14 28
23 145
23:2,21 24

2Crônicas
28:8-15 95
34:30,31 24
35 e 36 35

Esdras
6:18 27
7 145
7:10 97
9:14 129

Neemias
5:5-15 95

7:73—8:12 *35*
8 *145*
8:1 *27*
9:30 *55*
13:1 *27*

Salmos
2 *184-5*
2:6 *136*
2:7 *184-5*
2:9 *185*
12:6 *70*
19:7 *70*
23 *62, 178*
33:4 *70*
44:12 *95*
46:10 *132*
77 *157*
100:3 *146*
110 *181-2*
110:1 *136, 137,
    181-2, 184*
110:4 *181-2*
118 *124, 178-9*
118:22 *178*
118:22,23 *136*
118:22-26 *178-9*
119 *75, 149, 159*
119:5 *146*
119:9-11 *145*
119:10 *146*
119:11 *96-7*
119:26f,36,80 *146*
119:162-76 *149-50*

Eclesiastes
1:9 *79*

9 *132-3*

Isaías
1-39 *64*
5 *124*
7:14 *191*
28:16 *179*
30:8 *60*
40—55 *59, 64*
52 e 53 *185*
53 *100, 126*
53:3-6 *95*
56—66 *64*

Jeremias
1:1 *28*
1:1-9 *53-4*
15:13,14 *95*
25:11,12 *137*
29:10 *137*
30:20 *28, 60*
36:2 *60*
36:23 *30*
36:28 *60*

Ezequiel
11:5 *55*
27:2,13,26-36 *95*

Daniel
2 *182*
7 *133, 182-3*
7:13 *137, 182-4*
7:13,14 *136*
7:14 *183*
7:18,27 *183*
9 *182*

9:2 *24*
9:24 *137*
10:21 *146*
12:1,2 *67*

Oseias
4:6 *145*

Joel
3:3,8 *95*
Amós
2:6,7 *95*
5:13 *87*

Obadias
11 *95*

Miqueias
6:8 *89*

Naum
3:10 *95*

Zacarias
11:5 *95*

Mateus
1 e 2 *172*
2:14-18 *166*
5—7 *38, 139*
5:1-12 *59*
5:43 *180*
6:13 *87*
7:24-26 *97*
8:5 *123*
10:16 *87*
11:28 *157*

11:30 *151*
16:19 *93*
18 *132*
18:18 *93*
18:20 *132*
19:5,6 *90*
20:29,30 *72*
20:29-34 *74*
21:42 *24*
21:42-44 *179*
22:36-40 *153*
22:37-40 *152*
22:39 *180*
22:41-46 *182*
24 *133*
26:64,65 *184*
27:51-53 *66-7*
27:52 *68*
27:52,53 *67*
28 *68*

Marcos
1:11 *185*
3:6 *113*
8:23-26 *86*
8:31 *124*
9:12,31 *124*
10:33,34 *124*
10:46 *72*
10:46-52 *74*
12:1-12 *124-5*
12:9 *124*
12:13-17 *107-11*
12:19 *27*
12:26 *27*
13 *184*
14:62 *137*

14:62-64 *184*
15 *140*
16:18 *190*

Lucas
1:1-4 *37*
1:3 *60*
3:2,3 *54*
6 *38*
15:11-32 *141, 169*
18:35 *72*
18:35-43 *75*
20:28 *27*
22:36 *87*
22:67-70 *184*
23:2 *109*
24:25-27 *163*
24:44 *25, 167*
24:44,45 *93*
24:45 *165*

João
1:1,2 *167*
1:45 *27*
2:22 *177*
3:5-10 *165*
5:24 *148*
5:29 *67*
5:39,40 *150*
6:68 *157*
8:58 *137*
10:9 *121*
10:35 *70*
11:24 *67*
13:34,35 *89, 155*
14:23,24 *97*
14:26 *165*

15:1 *121*
15:12,13 *152*
15:26 *165*
16:13 *76*
18:31-33 *36*
18:37,38 *36*
19 *172*
20:23 *93*
20:31 *148*
21:1-23 *64*
21:24,25 *64*

Atos dos Apóstolos
1:26 *83*
4:8 *55*
4:11,12 *179*
4:24-28 *185*
4:25 *55*
4:31 *55*
6:10 *55*
7:55 *55*
7:56 *184*
8:20 *191*
8:26-36 *114*
13:9 *55*
13:32,33 *163*
13:33 *167, 177, 185*
13:39 *27*
15 *86*
15:29 *86*
17:22 *102-4*
17:30 *191*
20:27 *174*
23:6,8 *67*
24:15,21 *67*
25:19 *104*
26:5 *104*

28:25 55

Romanos
1:2 24
5:14 166
5:15-17 103
6:1-14 171
6:23 103-4
8 136
8:3 167
8:17,29,30 171
8:31-39 133, 157
9—11 172
10:4 166
10:16 165
10:17 148
12:13 103
13:1-7 108
13:8,9 152
13:9,10 180
15:1-7 171
15:4 156

1Coríntios
1:14-16 60
5:7 137
8:3 147
9:9,10 121
10:2-11 171
10:4 166
10:11 171
11:4 138
11:4,8 83
11:6 126
11:16 83
12—14 153
13 62, 153

13:4-8 153-5
13:12 147
15:3,4 177
15:20-23 67

2Coríntios
1:20 163
3:12-18 165
4:7-15 171
12:9,10 171

Gálatas
2:19,20 171
2:21 39
3 e 4 172
3:8 165
3:16 166
3:28 94
4:4,5 167
4:9 147
4:24 173
4:24,27 173
5:2 138
5:14 180
5:24 171
6:14 171

Efésios
1 141
1:17 146
1:20,21 182
2:20 174
5:16 87
5:31-33 91

Colossenses
1:15 167

2:17 165

1Tessalonicenses
1:3 157
4:15 48

1Timóteo
1:10 94
3:2 91
5:10 103

2Timóteo
2:15 20
3:16 64
3:16,17 56-8, 160

Filemon
15,16 94

Hebreus
1:1,2 167
1:3 182
1:5 185
2:6 184
4:2 165
5:5 185
8:5 165
10:1 165
12:2 157
13:2 103-4

Tiago
2:8 152, 180

1Pedro
2:5 179
2:6 24

2:13-17 *108*
2:18 *83*
3:19,20 *165*
3:22 *182*
4:8 *152*

2Pedro
1:20,2 *58*

1João
4:9,10 *167*
4:11,12 *152*
4:16 *147*

3João
8 *103*

Judas
5 *166*

Apocalipse
1—3 *41*
1:2 *55*

1:9 *156*
1:11 *55*
1:13 *184*
1:19 *55*
2:1 *55, 60*
2:7 *55*
2:8 *55, 60*
2:11 *55*
2:12 *55, 60*
2:17 *55*
2:18 *55, 60*
2:27 *185*
2:29 *55*
3:1 *55, 60*
3:6 *55*
3:7 *55, 60, 71*
3:13 *55*
3:14 *55, 60, 71*
3:15 *110*
3:15,16 *110*
3:20 *132*
3:22 *55*
4 e 5 *41, 182*

5 *141*
6:1—19:10 *41*
11 e 12 *172*
11:8 *121, 173*
11:8,9 *173*
12 *132*
12:5 *185*
14:13 *55, 60*
14:14 *184*
15:3 *71*
17:5 *113*
19:9 *55, 60*
19:11—20:15 *41*
19:15 *122, 185*
19:16 *122*
19:21 *122*
21 e 22 *41, 75, 133, 157*
21:5 *55, 60, 70*
22:5 *172*
22:6 *70*

ÍNDICE REMISSIVO

A
Bíblia dos Bispos 34, 48
Abraão 27, 90, 95, 129, 147, 174, 178
Abrão 55, 57
Adão 178, 196
afirmação 20, 143, 196
Agar 95, 129, 186
Agostinho 166
Aland, K. 49
Alcorão 65
amor como propósito das Escrituras 167
anticristo 42, 195
Antigo Testamento
  cânon 42
  como cristotélico 180
  cópia mais antiga de um livro do 25
  estrutura tripartite 25
  livros mais longos 25
  origem 37
Antíoco Epifânio IV 195
Apocalipse de Pedro 45
Apócrifos 34, 35, 36
  1Esdras 36
  1Macabeus 24, 36, 117
  2Esdras 36
  2Macabeus 24, 35, 36, 123
  3Macabeus 36
  4Macabeus 24, 36

apropriação 20
Atanásio 43, 46
autoridade bíblica
  não direta 85
  nem tudo na Bíblia tem autoridade para nós 90
  significado da 81

B
Baruque 36, 44
Bate-Seba 181
Bíblia
  como comunicação divina 53
  como descritiva 90
  como prescritiva 90
  como teocêntrica 182, 188
  de Genebra 34, 48
  dimensão eclesiocêntrica 184, 188
  dimensão moral 183
  dos Bispos 34, 48
  em língua inglesa 51
  English Standard Version [Versão Inglesa Padrão] 34, 49
  escrita para um tempo específico 106
  escrita por autores humanos 53, 82
  Eslava 35, 36
  Hebraica 25, 28, 31, 33, 50
  importância do contexto na interpretação 20, 111, 122, 131, 139, 140, 144, 145

inerrância da 72, 74, 76, 82
inspiração da 19, 53, 54, 60, 61, 62, 63, 81
interpretação apostólica da 185, 186, 187, 189
Jesus como centro da 183, 188
King James Version [Versão do Rei Tiago] 34, 48
molda nossa caminhada com Deus 151
New Revised Standard Version [Nova Versão Padrão Revisada] 49
Nova Versão Internacional 49
origem da 51
Ortodoxa Grega 35, 36
problemas da interpretação literal 130
propósito da 21, 29, 60, 66, 94, 95, 151, 153, 154, 156, 163, 182, 184, 185
Versão Sinodal Russa 35
Blomberg, Daniel 49
Bourne, George 99, 100

C
Calvino, João 157
canônico
  critérios para se tornar 45
características retóricas 145, 148
Carson, D. A. 17, 71, 117, 118, 122, 157
cartas 17, 39, 40, 41, 42, 43, 45
cartas de Paulo 39
casamento 15, 86, 95, 154, 165
Católicas, Cartas 40
Charlesworth, James H. 124
Charry, Ellen T. 157

circuncisão 40
Códice de Leningrado 25
Códice Vaticano 37
Colossos 117
comandos (ordens) 108, 131, 146, 147, 148, 152
Common English Bible [Bíblia em Inglês Comum] 34, 49
Concílio de Jerusalém 91
Confissão Batista de Londres 121
Confissão de Fé de Westminster 34, 99, 121
conhecer Deus como propósito das Escrituras 158
contexto canônico 140, 142, 143
contexto literário 141
Coverdale, Myles 48
Cranmer, Thomas 48
Credo dos Apóstolos 194
cristão, o que é um 156
cristomonismo 180
cristomonista 180, 182, 187
crítica textual 49

D
Davi 38, 57, 76, 78, 119, 179, 181, 194, 197
Davis, Ellen F. 176
Declaração de Chicago sobre Inerrância Bíblica 75
Deus
  conhecendo a 157
  em Cristo 95
  glória de 87, 91, 166
Didaquê 45
Didascália 35
docetismo 42
dois tipos de compreensão 134

Douai, Versão 48

E
Eclesiástico 26, 36
Elias 28
Elizabete I 48, 191
Elizabete II 197
encarnação 64, 77
Enns, Peter 177
Epístola de Barnabé 45
Epiteto 192
Erasmo de Roterdã 47
Esaradom 113
escravidão, ensinamentos bíblicos sobre 99
Escrituras
  como nome para os textos sagrados de Israel 24
  esperança como propósito das 171
  produção 67
  propósito 171
  Sagradas 25, 43
Espírito Santo
  conosco 168
  iluminação das Escrituras 120, 154, 155, 182
Estéfano 49
Evangelho da verdade 46
Evangelho de Filipe 46
Evangelho de Judas 46
Evangelho de Maria 46
Evangelho de Pedro 46
Evangelho de Tomé 46, 133
Evangelho dos egípcios 46
Evangelhos
  canônicos 46
  outros 46
exortação 41, 97, 99, 148

F
fé como propósito das Escrituras 155, 172
Filipe 46, 121

G
gênero 83, 113, 144, 148, 152
Goldingay, John 176
graça 96, 109, 110, 151, 171, 179

H
Hierápolis 117
histórias 17, 27, 29, 32, 33, 66, 67, 92, 93, 124, 145, 147, 148, 181, 189, 198
Hort, F. J. A. 49
hospitalidade 108, 109, 110
Hulda 28

I
imagem de Deus 95, 99, 111, 112, 113, 114
inerrância
  abordagem sábia da 77
  no evangelicalismo americano 69, 72, 84
  por causa da fidelidade de Deus 68, 79
  teólogos cristãos sobre 75
  testemunho do Espírito Santo à 79, 80
inspiração
  como encarnação das ideias divinas nas palavras humanas 64
inspiração bíblica
  como capacitação divina com palavras 63
  como ditado divino 62

como endosso divino 62
  como inspiração artística 61
  como orientação conceitual 65
  como se deu 60
  descrita nas Escrituras 60
  e o Espírito Santo 57, 65, 67, 182
  propósito 66
intenção autoral 134
interpretação bíblica
  conteúdo 149, 152
  contexto 144, 152
  contextualização 152
  cuidado 150, 152
  dos apóstolos 188
  união dos três tipos de significado 138, 152
intertextualidade 146, 148, 152
Isaías 25, 28, 44, 50, 53, 57, 61, 62, 67, 100, 106, 108, 123, 133, 135, 143, 191, 198

J
Jacó 95, 129, 141
Jefté, o gileadita 90
Jeremias 20, 25, 28, 29, 30, 32, 36, 44, 50, 55, 56, 57, 62, 100, 146, 147, 198
Jerônimo 33
Jesus
  à destra do Pai 37, 194, 196
  autoridade única e final 90, 98
  como centro da Bíblia 180
  e o Antigo Testamento 175
  e o Novo Testamento 175
  esperança 171
  Filho do Homem 195
  Messias 37, 38, 196
  ordem para amar 42, 162, 166

pedra angular 191
  primícias da ressurreição 70
  reino de Deus 94, 98, 149, 196
  Rei Servo 150
João 27, 37, 38, 39, 41, 42, 43, 44, 46, 56, 57, 62, 67, 70, 74, 79, 94, 98, 102, 110, 129, 130, 131, 142, 143, 147, 157, 158, 161, 163, 166, 168, 177, 180, 185, 189
João Batista 57
John Rylands, papiro de 37
Josefo 32, 70, 115, 123, 124, 195
Jubileus 35
Judas Macabeu 116
Judite 32, 36

K
Käsemann, Ernst 171
Kunhiyop, Samuel Waje 102, 183, 184

L
Laodiceia 62, 117, 142
Lausanne, Pacto de 75
Lei
  autor da 26
  enredo 26
  importância do conhecimento 155
  Moisés 27
  natureza progressiva 77
  produto de uma tradição oral 27
Licona, Michael 70
literalismo bíblico 129, 131
literatura de sabedoria 17, 29
Livro da Aliança 25, 35
Lloyd-Jones, Sally 173, 174
lollardos 47

M

Manassés, oração de 36
manuscritos 23, 47, 48, 49, 50
Manuscritos do Mar Morto 31, 49, 118, 123, 124
Marcião 83
Martin, Dale 136
Matthew Bible [Bíblia de Matthew] 48
Matthew, Thomas 48
Megillot. Veja tb. manuscrito
Mishná 31
modalismo 98
Moisés 24, 25, 27, 28, 31, 32, 61, 62, 76, 96, 147, 149, 162, 174, 175, 179, 180
Moltmann, Jürgen 169

N

Nestle, E. 49
Nietzsche, Friedrich 169
Novo Testamento
  como cumprimento do Antigo 31, 175, 176
  cópias mais antigas do 37
  história 42
  livro mais longo do 37
Novum Testamentum 47, 49, 197

O

Ortodoxa Etíope, Igreja 35
Ortodoxa Grega, Igreja 34

P

Packer, J. I. 35, 156, 162, 170
pais apostólicos
  1Clemente 45
Pascha 179

Pastor, de Hermas 45
Paulo 17, 20, 26, 27, 38, 39, 40, 41, 43, 44, 45, 50, 51, 53, 59, 63, 65, 76, 80, 85, 87, 92, 95, 96, 97, 99, 103, 108, 109, 110, 119, 125, 129, 130, 135, 142, 143, 146, 147, 148, 150, 151, 152, 156, 157, 158, 159, 164, 165, 167, 168, 169, 170, 171, 172, 175, 178, 184, 185, 186, 187, 188, 192, 193
Pedro 24, 30, 38, 39, 41, 43, 44, 45, 46, 47, 60, 87, 91, 191
período asmoneu 31
perseverança de acordo com as Escrituras 167
piedade 154
Pilatos, Pôncio 116
poligamia 88, 95, 97
príncipe Charles 197
pródigo, filho 151, 181
produção da Carta aos Filipenses 67
produção de 2Coríntios 67
produção do Evangelho de João 67
produção do Livro de Isaías 67
Profetas 28

R

rainha Maria 48, 191
Reforma 188
reis como imagem de Deus 112
revelação 57, 60, 62, 64, 65, 74, 77, 80, 90, 95, 97, 98, 122, 155, 157, 177, 184, 185, 192
Rogers, John 48

S

Salmos 25, 29, 32, 44, 57, 67, 74, 100, 156, 160, 180

Salomão 36, 56, 95
samaritanos 31
Samuel 28, 102, 184
santificação 67, 154
Sara 90, 95, 129
Sardes, Melitão de 178
Semaías 56, 57
sentido dos dons 109
Septuaginta 32, 33, 43, 49
Sermão da Planície 39
Sermão do Monte 39, 149
Servo Sofredor 135, 197
Shema 162
significado da religião 109
Siraque 25
subordinacionismo 98
Susana 36

T
Talmud 31
Tanakh 24, 31, 32

Teodoro de Beza 49
teologia bíblica 173
Textus Receptus 49
The Great Bible [A Grande Bíblia] 34, 48
Tiago, Carta de 41
Tobias 32, 36
Trindade 98, 134
Tyndale-Matthews, Bíblia 34
Tyndale, William 48

V
Vulgata 36, 47, 48, 49

W
Wesley, John 166
Westcott, B. F. 49
Witherington, Ben 139, 140
Wright, N. T. 109, 117, 170, 195
Wycliffe, John 47

Este livro foi impresso pela Cruzado, em 2022,
para a Thomas Nelson Brasil. O papel do miolo é
pólen natural 80g/m², e o da capa é cartão 250g/m².